LES ETATS DEPRESSIFS CHEZ L'ENFANT

DOSSIERS DE PSYCHOLOGIE ET DE SCIENCES HUMAINES

LES ÉTATS DÉPRESSIFS CHEZ L'ENFANT

à propos de 17 observations : Intérêt du test de Rorschach

par

Claude KOHLER

Médecin de la Pouponnière Neuropsychiatrique
des Hospices Civils de Lyon

et

Françoise BERNARD

Licenciée de Psychologie

CHARLES DESSART, ÉDITEUR
2, GALERIE DES PRINCES, BRUXELLES

Copyright by Charles Dessart - Bruxelles 1970

D / 1970 - 0024 - 2

> « Ce qu'il fallait faire, c'était reconnaître clairement ce qui devait être reconnu. Chasser enfin les ombres inutiles ... parce que la peste ne s'imaginait pas ou s'imaginait faussement. »
> CAMUS (*La Peste*).

INTRODUCTION

EXISTE-T-IL DES « DEPRESSIONS » CHEZ L'ENFANT ?

Dès le jeune âge, l'enfant peut connaître la tristesse, se sentir coupable, « mal dans sa peau » et « voir la vie en noir » avec comme conséquences des inhibitions motrices ou psychiques variées.

Tous ces signes plus ou moins intenses évoquent un « état dépressif », mais il faut noter que l'enfant, à la différence de l'adulte, est incapable de s'analyser : il ne sait pas « verbaliser » ce qu'il ressent.

De cette incapacité découlent deux points importants : tout d'abord le risque d'erreur provenant des aspects sémiologiques trompeurs où la dépression proprement dite n'apparaît pas tout d'abord; et par contrecoup, le très grand intérêt des tests projectifs dans lesquels se manifestent beaucoup mieux ses sentiments et ses problèmes, et que nous considérons comme indispensables pour une bonne orientation du traitement.

N'est-ce pas Lebovici qui note [1] : « On dit qu'il n'existe pas d'état dépressif chez l'enfant. C'est ce que ne semble pas confirmer l'étude de nombreux cas où les enfants névrosés sont asthéniques, dégoûtés de l'effort... Dans certaines observations, on pourrait parler d'états dépressifs isolés ayant une évolution critique plus ou moins nette chez les enfants pendant la période prépubérale. »

Une des difficultés majeures réside dans la définition même d'un « état dépressif ». Sans remonter aux descriptions classiques (et que beaucoup gagneraient à relire) de Pierre Janet, rappelons que c'est à ce dernier que l'on doit d'avoir vu disparaître cette neurasthénie qui peupla à un moment les maisons de santé. C'est Janet qui en somme permit le champ libre aux vues freudiennes. R. Kuhn écrit : « cette maladie que tout le monde de nos jours appelle " dépression " est loin

---

[1] S. LEBOVICI et D. BRAUNSCHWEIG dans « A propos de la névrose infantile », Psychiatrie de l'enfant, P.U.F., 1967, page 18.

d'être bien délimitée, fixée, identifiée parce que selon les lieux on appelle sous ce nom des phénomènes bien différents ». R. Kuhn dégage certains éléments spécifiques de la dépression :

— le sentiment d'être fatigué;

— le sentiment de lourdeur physique et psychique, avec oppression, ralentissement de la pensée, des mouvements, difficultés à penser et à travailler, enfin une perte de la possibilité de se réjouir et de fixer ses intérêts.

Les autres symptômes sont pour lui contingents : tristesse, « idées noires », sentiment de culpabilité, de crainte de perdre un être cher, velléités de suicide.

Nacht et Racamier définissent la dépression comme un état pathologique de souffrance psychique et de culpabilité consciente accompagné d'un abaissement marqué du sentiment de valeur personnelle et d'une diminution non déficitaire de l'activité mentale, psychomotrice ou même organique. On retrouve ce « néant » à la base de toute dépression aussi bien chez l'enfant que chez l'adulte.

Il y a lieu de considérer toutefois ce qu'on est en droit de considérer comme des dépressions « normales » : la douleur morale après la perte d'un être cher, par exemple, même chez les enfants, a droit à l'existence, mais il sera souvent difficile de la différencier des « névroses de deuil » (Lagache).

De même la distinction entre dépressions « *endogènes* », c'est-à-dire en rapport avec une structure psychotique (mélancolies et dépressions psychotiques non mélancoliques) et dépressions « *exogènes* », c'est-à-dire liées à une organisation névrotique ou à des troubles réactionnels n'est pas très aisée dans la pratique. C'est autour de cette notion que notre travail doit s'organiser car nous verrons la place que peut tenir dans l'élaboration du diagnostic un des tests projectifs les plus solides, le test de Rorschach.

Le deuxième centre d'intérêt de notre recherche est le caractère particulier imprimé aux états dépressifs par l'état d'enfance. Si leur autonomie à cette période de la vie a été elle-même discutée, les observations que l'on va trouver ci-dessous paraissent controuver formellement une telle opinion. Mais nous verrons comment les cadres nosologiques généralement applicables chez l'adulte ne le sont qu'en partie pour l'enfant et l'adolescent, ce qui accentue l'intérêt des renseignements tirés du psychogramme de Rorschach.

CHAPITRE 1

ETUDE CLINIQUE :
PRESENTATION DE 17 OBSERVATIONS [1]

A) ETATS MELANCOLIQUES

1. Gérald C...

Est âgé de 14 ans lorsque nous le voyons le 15-3-1962 dans le service du Pr. André Bertoye à l'Hôpital Debrousse. Une grand-mère est hospitalisée en milieu psychiatrique depuis 40 ans sans que l'on sache de diagnostic plus précis (probablement délirante chronique). Il s'agit d'un enfant calme, même un peu mou, sans antécédents bien particuliers. Il est en 4e moderne, bien suivie, ayant eu l'année précédente le prix d'Excellence en 5e.

En janvier 1962, survient brusquement un *état infectieux* aigu, avec: hyperthermie, signes fonctionnels importants avec céphalées, brouillards visuels, photophobie, algie de la nuque, accès de tremblements qui nécessite l'hospitalisation immédiate. Tous les examens sont négatifs (sauf cependant une hyperglycorachie) et l'enfant sort de l'hôpital un mois et demi plus tard, guéri mais conservant cependant une asthénie psychique. Il ne peut retourner en classe et *en mars 1962* apparaissent progressivement des troubles de l'humeur avec crises de larmes répétées. Il dit : « Est-ce que je suis un monstre ? », « Est-ce que tu penses que je suis fou ? ». Des troubles du comportement : prostration, refus d'alimentation; il a cessé tout travail intellectuel, il est anorexique et insomnique.

A son entrée à l'hôpital, il est prostré, répondant lentement, apathique, indifférent, n'exprimant aucun sentiment personnel. L'examen neurologique est négatif, de même que l'EEG, l'examen du LCR, le fond d'œil sont normaux.

Un test de Rorschach est fait le 17-3-1962 : l'enfant parle à peine, presque inintelligible, gémissant. Il oriente cependant vers un état de détérioration avec angoisse plutôt que vers une hébéphrénie [2].

En l'absence de tout élément pouvant faire retenir une « encéphalite » infectieuse avec état confusionnel, on conclut en principe à un accès mélancolique à forme stuporeuse et l'on entreprend une pyrétothérapie par huile soufrée. Celle-ci n'est d'ailleurs pas poursuivie car l'accès cède de lui-même en 5 ou 6 jours et l'enfant redevient normal.

---

[1] Nos remerciements vont au Pr. André Bertoye, au Pr. Mathis Jeune, au Pr. Ag. F. Larbre qui nous ont autorisés à utiliser les observations de ces malades qu'ils nous avaient confiés à l'Hôpital Debrousse à Lyon.
[2] Voir p. 30 et 75 à 78.

Un nouveau test de Rorschach est fait avant la sortie, le 25-3-1962, l'enfant étant détendu et souriant. Mais ce protocole reste inquiétant et l'on formule des réserves sur l'avenir. L'enfant quitte le service. Revu en juillet 1962, il a repris la classe, son travail est excellent, son appétit et son sommeil normaux. Mais il est réhospitalisé le 11-1-1963 pour un nouvel accès à déclenchement brutal après quelques jours de sommeil agité. Il présente alors des idées caractéristiques, s'accuse de mauvaises actions, de n'avoir pas d'amis, d'avoir désobéi à ses parents, péché contre Dieu, etc... Il a peur de la mort. Il présente des hallucinations auditives et visuelles, refuse de manger.

Le test de Rorschach pratiqué quelques jours après son admission est parsemé de réflexions d'autoaccusation, d'indignité, de peur, de formes mal vues. Dès l'entrée, il est traité par Tofranil injectable, 45 mg au début jusqu'à 150 mg le 17-2-1963. Il ne peut être gardé dans un service de pédiatrie et est transféré en clinique psychiatrique, où il est suivi régulièrement depuis lors. Sauf en 1965 et 1966, il a fait chaque année des accès dépressifs, au printemps, en fin de deuxième trimestre scolaire, guérissant rapidement par des électrochocs.

Il poursuit de façon satisfaisante ses études et se trouve à 19 ans et demi en Philosophie. Il a présenté en *août 1966* un épisode un peu inquiétant avec agressivité, agitation, refus de contact avec ses parents et les médecins. Tout est rentré dans l'ordre après une nouvelle série d'électrochocs. Il va bien depuis.

2. Elisabeth S..., 13 ans.

Est, antérieurement à sa maladie, une enfant gaie, pleine de vie, au premier abord. Il n'y a pas d'antécédents héréditaires, pas de traumatisme affectif, le milieu est normal, pas de frustrations de la petite enfance. Cependant, un interrogatoire plus poussé des parents montre qu'elle se présente comme une cyclothymique avec phases d'accès de bien-être, d'euphorie et des phases de tristesse et de difficultés à agir. Rien n'attire cependant l'attention de son entourage jusqu'en juin 1962 où, après une année scolaire normale apparaît une anorexie avec amaigrissement de 10 kg et aménorrhée sans que soient alors notés de signes psychiques particuliers. Elle est d'abord traitée par son médecin puis, devant l'échec du traitement, elle est hospitalisée le 29-9-1962.

Elle frappe alors par son allure figée, la bradylalie, le contact laborieux, la tristesse et le repli sur soi. Le test de Rorschach montre de mauvaises formes, le refus d'appréhension de la réalité. Il est extraversif. L'ensemble fait discuter d'emblée une mélancolie dont l'anorexie ne serait qu'une forme masquée [1].

La thérapeutique est entreprise avec Nozinan (75 mg) et Tofranil (100 mg). Après deux mois de traitement elle a pris 4 kg, elle est calme, plus détendue. Elle part dans sa famille le 30-11-1962.

Elle est revue le 12-1-1963, ayant pris 700 g. L'appétit est restreint, le sommeil est normal. L'allure est toujours un peu déprimée. Elle est stabilisée mais sans disparition du fond mélancolique. Le traitement est poursuivi.

En février, elle va mieux et en juin 1963 on note une très nette amélioration, installée brusquement, semblant un peu indépendante du traitement. Elle se remet à rire et à jouer avec les autres. Son sommeil et son appétit sont bons mais la constipation et l'aménorrhée persistent. Le Rorschach reste assez pauvre et extraversif mais le contact est meilleur [2].

[1] Voir p. 31 et 80 à 85.
[2] *Idem.*

En septembre 1963, elle a passé de bonnes vacances et veut entreprendre des études de sténographie. Elle reste aménorrhéique et constipée. Le Rorschach est pratiquement superposable aux précédents avec cependant apparition de la notion d'un conflit familial mais fuite de la réalité et extraversité [1].

3. YVES C..., 13 ans.

Ne présente aucune particularité jusqu'en *janvier 1966*. A ce moment, il a une déception scolaire (notes insuffisantes). Après une grippe banale en février 1966, il a des céphalées puis un état stuporeux avec refus des aliments, crainte d'être empoisonné. L'EEG et la PL sont négatifs. Tout cesse brutalement et l'enfant dit alors cette phrase : « Je reviens d'un long voyage ».

Le 29-12-1966, circoncision : l'enfant est attaché dans son lit. 36 heures après, réapparition d'un état discordant depuis lequel il reste chez lui, isolé, refusant de sortir seul et de quitter sa mère, désorienté. Il est alors hospitalisé et le diagnostic hésite entre hébéphrénie, névrose d'angoisse à motivation sexuelle immédiate ou accès mélancolique à type confusionnel.

Le bilan projectif est assez difficile : l'arbre de Koch montre un blocage par refoulement. Yves dessine un garçon sans mains, ce qui évoque des problèmes sexuels que nous retrouverons dans le Rorschach. Au TAT dès qu'il y a narration, apparaissent des thèmes de mort, d'éventration, de châtiment corporel. Le Rorschach est de type coartatif avec de nombreux symboles phalliques, absence de réponse humaine et de kinesthésics A % élevé 45 [2].

L'enfant est traité par Etumine + Melleril + Sedantoinal. (Ce dernier ajouté en raison de quelques signes irritatifs à l'EEG).

Il quitte le service pour une « sortie d'essai » mais il revient 8 jours plus tard, ayant passé son temps entre sommeil et pleurs, sans activité organisée. On confirme le diagnostic de mélancolie et on entreprend une série d'électrochocs, lesquels sont arrêtés au 11e. L'évolution favorable, coïncidence ou non, est spectaculaire. L'enfant est rendu à sa famille avec Etumine, Melleril.

Entretien psychothérapique toutes les 3 semaines. Il va actuellement bien (avril) et sa psychothérapie souligne une détente qui va de pair avec le bon résultat scolaire.

4. CHRISTIAN M..., 14 ans et demi.

Suivi depuis septembre 1962, d'abord au cabinet de l'un de nous. Il est le fils unique d'un père présentant une psychose maniaco-dépressive (soigné à St-Jean-de-Dieu) et d'une mère de nationalité allemande. Les parents parlent souvent entre eux, en allemand, de Christjan en sa présence.

Son premier développement est normal; sa scolarité est bonne jusqu'en 1962 mais à partir de ce moment la situation se dégrade avec deux manifestations essentielles : la baisse du rendement scolaire et la crainte de la mort. Agressif vis-à-vis de sa mère, l'enfant se plaint qu'elle le traite de menteur et qu'elle le prive de jouets. En janvier 1963, revu par l'un de nous : le Rorschach est introversif [2], anxieux, dépressif. Au Koch, conflit familial.

---

[1] Voir p. 31 et 80 à 85.
[2] Voir p. 33 et 86 à 89.
[3] *Idem.*

Traité par Clarmil, Equanil. Dès septembre 1963, il est inclus dans un groupe de psychodrame. Mais très vite s'y révèle décalé par son âge et aussi par son état prépsychotique que signent au cours des séances des fantasmes très primitifs de sadisme anal. Il demande lui-même à ne pas poursuivre (du fait, d'autre part, de l'absence prolongée accidentelle de l'un de nous) et refuse aussi toute psychothérapie individuelle.

En juin 1964, l'état est à peu près identique avec, au Düss, fixation toujours ambivalente à la mère, au Koch, conflit familial et contact avec la réalité difficile. On pense à une inhibition scolaire par névrose d'angoisse partielle.

Il est alors admis à l'« Arc-en-Ciel »[1] où se précisent les traits psychotiques : note hypocondriaque, envahissement progressif de ses constructions délirantes : thème du « Scoubidou » alors à la mode.

Hospitalisé en avril 1965 (Service du Prof. Jeune, Hôpital Debrousse) : anxieux, il a le « cafard », n'a pas faim, veut qu'on lui tienne compagnie, ne parle pas aux autres garçons.

Le bilan projectif est fait en pleine période anxieuse :
— le Düss est dépressif avec opposition aux parents et sentiment de frustration;
— le TAT est inquiétant avec thèmes de tuer, d'assassiner, d'attaque par les Indiens, d'attaque par des bêtes préhistoriques.

L'enfant est mis au Nozinan + Melleril, mais devant l'absence d'amélioration on décide d'entreprendre une série d'électrochocs. Dans les suites immédiates du premier électrochoc, il y a un état confusionnel où sont apparus manifestement des thèmes d'angoisse hétérosexuelle et de castration.

Pendant le déroulement de son traitement, l'enfant a construit spontanément « un camp de prisonniers » extrêmement sinistre. Dans le même moment, il a découpé une « famille Duraton », des rats à table encore plus sinistres.

Cliniquement, amélioration très sensible, le contact social est bien meilleur. Cependant, le bilan projectif reste inquiétant, aussi bien le Düss que le Rorschach[2], avec anxiété importante, mauvais contact avec le réel.

Il repart à l'« Ac-en-Ciel » où il paraît évoluer favorablement : le comportement scolaire est bon : réussite au Certificat d'études et au concours d'entrée dans un centre d'enseignement technique (bijouterie).

Le contact s'est amélioré; il est capable de participer à la vie de groupe. L'anxiété est moins importante. Cependant, il subsiste des idées projectives à caractère paranoïaque qui évoquent encore un « moi » psychotique.

Dans ce cas, on a fait le diagnostic de mélancolie, mais malgré l'évolution favorable actuelle, il est impossible d'éliminer une schizophrénie.

B) ETATS DEPRESSIFS « PRESCHIZOPHRENIQUES »

5. BERNADETTE, 10 ans.

Hospitalisée dans le service du Prof. Jeune à l'Hôpital Debrousse, où nous la voyons en avril 1965. Psychose maniaco-dépressive de la mère traitée par électro-

---

[1] Centre médico-pédagogique pour « caractériels » à Trévoux (Ain).
[2] Voir p. 34 et 87 à 89.

chocs et neuroleptiques. Il existe de plus, une mésentente familiale et de grosses difficultés financières.

L'appétit de l'enfant a toujours été restreint, mais ses parents aussi bien que sa maîtresse signalent un comportement antérieur normal.

C'est après un état grippal que s'installe un comportement anormal avec accès de colère, agitation, tics. Elle est hospitalisée le 8-4-1965. L'examen neurologique est négatif. Manifestations autoérotiques compulsionnelles incessantes.

L'interrogatoire laborieux met en évidence une très probable fabulation.

Les tests projectifs confirment l'intensité des problèmes affectifs. L'enfant est en pleine « panique » intérieure avec un Rorschach coarté dépressif, des préoccupations sexuelles évidentes et des difficultés relationnelles familiales importantes [1].

On fait le diagnostic d'accès mélancolique sur fond compulsionnel antécédent.

L'enfant est mise au Nozinan puis Melleril et l'on commence une psychothérapie (Mme le Dr Ramel).

Première prise de contact : enfant confuse, désorientée, masturbation compulsionnelle, s'accroche très anxieuse, demande de l'aide.

Trois « visites » alors qu'elle est hospitalisée. Refus et opposition, lève la main pour taper, ne veut pas suivre le psychothérapeute. Commence à avoir une attitude ambivalente : « va-t'en », de refus anxieux et de baisers avides.

Ensuite quatre essais de séances de psychothérapie. Amenée par son père. Ne peut s'en séparer. Il reste dans la pièce voisine, la porte étant ouverte.

Attitude d'anxiété extrême. Se masturbe. Mécanismes projectifs, appelle son père : « la dame a dit que c'était fini, on peut partir ». Avec la psychothérapeute, tantôt collante, suppliante, « bébé avide », tantôt devant l'interprétation de sa peur, capable de se changer en furie attaquante, ou disant des obscénités.

Elle quitte le service le 14 avril 1965 mais un second séjour s'impose le 5-5-1965. Le contact est pénible et quasi impossible, la situation détériorée. On note à ce séjour une discordance entre un élément dépressif de type mélancolique avec pleurs, lamentations, faciès figé, immuable et d'autre part de brusques accès de jovialité au cours desquels elle sautille, chante en se frappant la poitrine. Il n'y a pas de confusion mentale, pas de troubles de la mémoire. Ce tableau fait donc évoquer une psychose schizoïde.

On entreprend alors un traitement par électrochocs, associé à Nozinan + Tofranil et l'enfant passe en clinique psychiatrique après 12 électrochocs. Est partie en bon état.

6. ROSELYNE N..., 14 ans et demi.

Est l'enfant d'une fille-mère qui après la naissance de deux enfants épouse un veuf ayant trois enfants. De ce mariage naissent deux enfants.

Elle a été en nourrice de 3 mois à deux ans. Dès 8 ans, elle est prise en observation à la « Maison des Enfants » à Oullins, en raison de son opposition et de son instabilité. A cette époque, QI : 90. Frustration maternelle primaire, agressive, suggestible (hystéroïde). Pronostic réservé (Dr Lachanat).

[1] Voir p. 43 et 90.

Placée ensuite à l'Institut médico-pédagogique « Claire Joie » pendant deux ans, puis classe de perfectionnement. Elle a fini sa scolarité en juin 1965 en CM 2. Depuis elle reste chez elle, s'occupant du ménage, mais il y a des conflits familiaux permanents, en particulier au sujet de ses sorties et de ses fréquentations. Elle n'a aucune orientation professionnelle.

Elle est hospitalisée pour une tentative de suicide (aspirine). Le 17-11-1965, le comportement est perturbé, dépressif, hypocondriaque.

Le bilan projectif montre un fond dépressif [1]. Elle explique son geste : elle en avait assez de tout faire à la maison, ne pouvait supporter d'être complètement coupée de la vie scolaire. Elle est inférioriseé, se plaint que personne ne s'occupe d'elle.

Le NM est médiocre, QI : 86.

On apprend après beaucoup de peine un viol par son beau-père. Un premier test de grossesse est négatif, puis il devient positif. Envoyée à la Maison des Mères, où finalement la grossesse n'est pas confirmée (fausse réaction positive).

Elle sort du service après traitement et est placée au Bon Pasteur. Elle est revue en juin 1960, logorrhéique et agitée, si bien que l'on se pose la question d'une phase maniaque d'une psychose maniaco-dépressive. Le Tementil reste sans action, et l'on fait à ce moment une série de 12 électrochocs dont l'action sur le comportement est certaine mais ne paraît pas modifier un fond caractériel. Elle quitte le service avec Tementil + Clarmil.

Elle est placée au Bon Pasteur où elle se montre progressivement insupportable (mais elle refuse de prendre son médicament). Reprise par sa mère, elle s'isole et parle de se suicider, déchire ses draps, fait des cauchemars et revient le 23 février 1967. Le contact est presque impossible, elle est déprimée et ne peut arriver à s'exprimer.

Elle est transférée dans le service du Dr Beaujard le 15 mars 1967 où, après 10 jours sans problème de conduite, à l'occasion d'un refus banal des infirmières, elle se remet à part et se plaint d'être persécutée. Elle est traitée actuellement par le Tripéridol.

L'enfant ayant comparu peu de temps auparavant devant le Tribunal pour témoigner au procès de son beau-père, on pense que ce traumatisme a précipité les choses. En fait, par la suite, on craint qu'il n'y ait eu un nouveau traumatisme sexuel (oncle). Le test de grossesse est cette fois négatif, et il est impossible de faire parler l'enfant sur ce sujet.

Cette adolescente nous a posé de nombreux problèmes, entre autres celui de l'aménorrhée avec test de grossesse positif. Nous en reparlerons. Mais son évolution au cours du séjour dans notre service puis à l'Hôpital psychiatrique du Vinatier (Dr Beaujard), a confirmé le diagnostic que nous avions formulé d'emblée puis reconsidéré périodiquement, à l'occasion de détentes dans cette évolution : celui d'hébéphrénie. Il n'en a pas été de même pour la fillette de l'observation précédente où ce dernier diagnostic n'est intervenu qu'après d'assez longs tâtonnements.

Nous avons présenté d'abord ces six observations parce qu'elles ont des caractères spéciaux évoquant le *diagnostic de mélancolie pour les trois premières, de mélancolie recouvrant très probablement une atteinte*

---

[1] Voir p. 44 et 91 à 94.

hébéphrénique pour les trois autres. Mais chez l'enfant comme chez l'adulte, en dehors de ces psychoses endogènes, il existe d'autres « états dépressifs » plus difficiles à classer mais dont certains apparaissent bien cependant *réactionnels.*

C) ETATS DEPRESSIFS REACTIONNELS

7. Jocelyne C..., 16 ans.

Ne présente pas d'antécédents familiaux psychiatriques. Cependant, la situation familiale est rendue complexe par le fait suivant : son père est mineur (éthyl.) avec de petites ressources, la mère est vieillie un peu prématurément et Jocelyne a un parrain et une marraine dont l'interférence est importante : ils habitent Paris, ont une situation très aisée et « gâtent » beaucoup l'enfant. Par ailleurs, Jocelyne est en rivalité nette avec sa sœur cadette.

Elle est admise dans le service pour une *tentative de suicide spectaculaire,* succédant au refus de ses parents de la laisser accompagner son oncle parrain à Paris. Elle laisse un journal intime qui veut évoquer celui d'Anne Frank mais dont la richesse littéraire ou sentimentale n'est, hélas, pas comparable. Le bilan psychologique met en évidence un niveau mental moyen mais non insuffisant; un Koch avec blocage, conflit familial et *note dépressive* que l'on retrouve dans le T.A.T. Dans celui-ci s'extériorise l'image parlante des deux couples parentaux, l'un rejetant, l'autre gratifiant. Le Rorschach est introversif coarté avec importante culpabilité, contact difficile avec le réel [1]. Il n'y a pas de signes de la série mélancolique.

L'enfant quitte le service avec Niamide et Melleril.

Deux ou trois entretiens ont lieu avec elle, et surtout des contacts avec les parents, puis le couple avunculaire, puis les deux réunis ont permis de la mieux resituer dans le cadre familial.

Elle est revue en mars 1967, son aspect clinique est satisfaisant. Elle désire être vendeuse retoucheuse. On signale cependant qu'en classe elle n'est pas gaie comme les autres filles.

A l'examen psychologique, elle est timide, assez tendue, émotive, facilement bloquée. Le TAT est assez banal avec cependant problèmes affectifs et sexuels, idée de culpabilité (Pl. 3).

Le Rorschach est toujours coarté. Inhibition de l'agressivité, dépressive. Problème de la féminité y est retrouvé. Difficulté de contact humain. Puérilisme.

Malgré l'impression clinique, bonne, les tests projectifs semblent devoir donc faire émettre des réserves pour l'avenir. C'est d'ailleurs là un des points que nous discuterons plus spécialement dans la suite de cet exposé.

8. Jacques R..., 14 ans.

Appartient à une famille de rapatriés d'Afrique du Nord. Ils sont fixés à Montélimar où l'enfant ne se plaît pas. On note une énurésie jusqu'à l'âge de

---

[1] Voir p. 49 et 95-96.

trois ans mais rien à signaler par ailleurs. Hospitalisé le 16-1-1963 (Prof. Jeune, Hôpital Debrousse).

Il vient de présenter une angine avec un rhumatisme articulaire aigu assez bénin et c'est dans la convalescence que l'on note : *asthénie, désintérêt de tout, refus de se lever, une crise de plafonnement oculaire avec tremblement généralisé.* L'appétit est conservé mais le sommeil est agité. Dans le service, il reste à part des autres garçons. L'EEG montre des activités dysrythmiques diffuses (fragilité sous-corticale) (Dr. Lanternier).

Les tests projectifs mettent en évidence une note introversive, de l'affectivité avec sentiment de culpabilité et d'insécurité que n'explique pas le contexte familial [1].

Il voudrait habiter une grande ville, voir du monde, des voitures. Il fait de l'espagnol en classe alors qu'il voulait faire de l'allemand.

Mis au Tofranil (20) + 5 cg d'Alepsal + Extencilline tous les 15 jours, il quitte rapidement le service.

Depuis, l'évolution est excellente, il poursuit ses études de façon très satisfaisante.

9. JEAN-MARC A..., 10 ans.

Ses parents sont tous deux comitiaux, la mère ayant présenté des « crises » pendant sa grossesse. Il semble s'y associer chez le père des troubles dépressifs avec peut-être éthylisme. Les grands-parents paternels ont présenté des « troubles dépressifs ». Il s'agit d'un milieu pauvre vivant dans des conditions déplorables. Le premier développement est un peu retardé. L'enfant a été séparé de son milieu familial à 9 mois jusqu'à deux ans et pendant ce temps il a changé trois fois de nourrice. Il a fait ensuite des séjours successifs chez les grands-parents. On note une toxicose à l'âge de trois ans.

Il est hospitalisé le 16-4-1966 pour *énurésie, terreurs nocturnes et somnambulisme, retard scolaire, troubles du comportement à la maison, colères clastiques.*

Il existe un petit déficit moteur. L'enfant est émotif.

Le bilan projectif montre un enfant triste et anxieux, inhibé, déprimé. Au Düss, insécurité, le Koch est extraversif et insécurisé, le Rorschach est pauvre, inhibé et culpubabilisé [2]. Ces tests font discuter un syndrome mélancolique fruste mais on penche plutôt pour une carence affective au long cours avec sentiment de frustration, dyslexie secondaire.

Il quitte le service avec Trioxazine, Covatine et prise en charge orthophonique. D'emblée, on a noté une transformation sur le plan scolaire.

Peut-être pensera-t-on que nous avons arbitrairement étiqueté « réactionnels » les trois cas ci-dessus. Pour le cas n° 7, au moins, nous avons souligné qu'il nous apparaissait d'une richesse qui pourrait faire évoquer une structure du moi globalement perturbée.

Ceci ne paraît pas faire de doute dans les observations suivantes qui, dans ces conditions, nous paraissent bien devoir être considérées comme des névroses « dépressionnelles » traduisant la difficulté sinon l'impossibilité d'établir des relations satisfaisantes avec le couple parental.

[1] Voir p. 49 et 97.
[2] Voir p. 49 et 98.

D) ETATS DEPRESSIFS « NEVROTIQUES »

10. RENÉ G..., 14 ans.

Hospitalisé le 18-2-1966.

Est le deuxième enfant d'une famille de cinq. Sa famille est peu équilibrée, le père se décharge facilement des problèmes éducatifs (éthyl.), la mère est très nerveuse. Une tante comitiale, une cousine « suicidante ».

Premier développement retardé. Séjour à Giens de 14 à 21 mois.

Hospitalisations successives pour broncho-pneumonie, complications pulmonaires de la coqueluche, appendicite. Sa scolarité s'est terminée en Cours élémentaire 1re année; non présenté au Certificat d'études.

Il a fait un essai d'apprentissage de menuisier mais n'a pas continué.

Il présente une instabilité psychomotrice importante avec *agressivité, impulsivité*.

Sa violence l'a rendu indésirable à la maison où toute la famille souhaite s'en débarrasser et pour le plus longtemps possible. Ce rejet familial est également signalé par l'instituteur.

Dans le service, fugue initiale sur un coup de « cafard ». Le bilan projectif montre un NM subnormal avec difficultés de lecture et écritures non spécifiques.

Le Koch est castré et schizoïde, le dessin de la maison révèle des problèmes sexuels, un conflit avec la famille.

Le Rorschach montre une agressivité, culpabilité, mais il est intraversif. On y retrouve également des problèmes sexuels et un conflit avec la famille [1].

On apprend secondairement qu'il y a eu une contamination sexuelle par un jeune voisin mineur, avec même tendance au transvestisme.

Le problème est complexe et l'on se demande s'il s'agit d'un syndrome maniaco-dépressif fruste ou de troubles névrotiques réactionnels au cadre familial, ce dernier diagnostic étant retenu. Le pronostic apparaît péjoratif du fait du niveau scolaire retardé et discordant, du fond de tempérament dépressif, de l'immaturité caractérielle des contaminations sexuelles antérieures.

Maintenu dans le service jusqu'en mai 1966, le garçon a un comportement à la fois obséquieux et déprimé. Son placement se révéla laborieux au Prado de Salornay. Il a un traitement neuroleptique.

Une psychothérapie est hebdomadaire et est maintenue dans le service (malgré un trajet assez long qu'assura d'abord un éducateur emmenant René, et que celui-ci effectue maintenant seul par chemin de fer). Les derniers rapports du Centre à son sujet sont très favorables.

11. SYLVIE B...

Vue en consultation au Centre de Santé Départemental le 15-10-1965, a un milieu familial assez catastrophique. Le père, éthylique, est en invalidité (fracture de la colonne). La mère a eu une « dépression » (3 électrochocs). Ils ont divorcé en 1961 et à la suite de ce divorce, Sylvie a été placée de nombreuses fois; d'abord chez sa grand-mère, puis chez une grand-tante, ensuite chez un couple ami, dans un foyer de jeunes filles.

[1] Voir p. 51 et 99.

A 8 ans, a été examinée en raison d'une masturbation (en fait consécutive à une vulvite) très mal tolérée par la grand-mère.

En 1964, elle a un flirt très poussé et un conflit naît à ce sujet, ayant entraîné une tentative de suicide (aspirine) avec hospitalisation dans un service de neurologie. Elle a continué par la suite ses sorties nocturnes, a fait un camp en été.

Puis, en octobre 1965, elle se trouve malade, cesse l'école, tousse et crache. En décembre 1965, elle a présenté 3 « crises de nerfs » à type hystérique ayant motivé l'appel de nuit du médecin traitant. Elle s'enferme alors dans sa chambre, ne veut voir personne, reste allongée toute la journée, insomnique la nuit.

Elle a toujours été grande fumeuse.

La prise de contact avec elle est théâtrale : elle est revenue de tout, désenchantée, sans idée d'avenir.

Il y a trois semaines (Melleril), elle a fait une autre tentative de suicide dont on peut penser qu'elle a été « spectaculaire ».

Le bilan projectif confirme la dépression, les conflits familiaux [1]. Au Rorschach, note dépressive mais avec éléments de détériorations suspects. Préoccupations sexuelles.

On propose le placement dans un foyer de jeunes filles avec reprise de la scolarité. Traitement par Nogexan. Psychothérapie par psychodrame.

On porte un pronostic péjoratif.

En définitive, la mère la fait partir à Méaudres, en « maison de convalescence », pour poursuivre ses études (Centre de Télé-enseignement). Une psychothérapie organisée à Grenoble n'est pas réalisée par une interférence de la mère.

Sous l'influence de la séparation d'avec sa mère (a fait une TS après une visite), de l'appui de la directrice chez qui elle trouve une image maternelle dont elle a un intense besoin, l'évolution est extrêmement favorable. Elle quitte le « Vieux Moulin » et veut d'elle-même continuer ses études et être indépendante de sa famille. Elle reste probablement encore très fragile.

Nos cinq dernières observations semblent donc pouvoir encore se situer assez bien par rapport aux dépressions psychotiques et entre elles-mêmes suivant la gravité et « l'immédiateté » des problèmes liés au milieu familial. Mais dans les dernières observations que nous présenterons, il devient impossible de conclure à leur structure profonde et leur caractère hétérogène rend difficile un classement nosographique.

E) CAS « MIXTES » DIFFICILEMENT CLASSABLES

12. Georges H..., 16 ans et demi.

Est l'aîné d'une famille de trois. Son père est un gros industriel ayant brillamment réussi dans ses études, hyperactif, anxieux.

---

[1] Voir p. 50 et 102.

Sa mère a fait une tentative de suicide sans cause très précise. Son histoire a débuté dans le jeune âge et est particulièrement jalonnée d'incidents.

A 15 mois, il a été confié à ses grands-parents et a présenté une pneumonie grave puis un phimosis infecté (circoncision).

Au retour chez les parents, il s'est bien adapté puis il a présenté de l'agitation avec instabilité.

Il est alors examiné et on le trouve gaucher non encore latéralisé : on entreprend une rééducation. Cependant, on trouve ensuite œil droit dominant. Il redouble sa 9e. En 1958, il manifeste de l'agressivité envers sa mère. Une psychothérapie est alors conseillée et entreprise.

A 6 ans et demi, mastoïdite, puis une autre pneumonie, thrombocytopénie après rubéole. Puis, 1 an après, morsure de la verge par une petite fille... ! A 10 ans, il est obligé par des camarades à en « déculotter » un autre. A 12 ans, au cours d'un camp de louveteaux, le chef de patrouille, jaloux, le brutalise à plusieurs reprises.

Vu pour la première fois par l'un de nous en juin 1962 en raison de ses mensonges et de ses difficultés scolaires[1]. Pris en psychodrame pendant l'année 1962-1963, il extériorise un Œdipe avec thèmes de castration intense et « passage à l'acte ».

Durant cette période, la veille d'une composition, un épisode d'occlusion intestinale le fait hospitaliser, mais tous les examens sont négatifs, et le transit se rétablit après trois jours. Le psychodrame est arrêté en juin (sur son initiative). En septembre 1963, l'adaptation scolaire et sociale est meilleure, mais en février 1964, récidive d'anxiété, insomnique, avec répulsion au travail de classe.

On reprend la psychothérapie individuelle hebdomadaire : « rêves éveillés » où dominent la fuite du réel et la tension extrême.

En février 1965, nouvel incident fâcheux : propositions homosexuelles d'un prêtre, mais sans conséquences dramatiques. Toujours psychothérapie.

En juin 1965, un nouveau bilan est fait : le Rorschach est extraversif et culpabilisé mais intelligent. Le Koch est exceptionnel dans son symbolisme phallique puis vulvaire, avec note dépressive importante. Les parents refusent un Institut spécialisé mais acceptent un Internat, où il ne restera que trois mois.

L'adaptation est impossible : tentative de fugue, manifestations d'angoisse, agitation, insomnie, après les vacances de Noël et refus de travail scolaire, thème de sa mort et de celle de ses parents. Les lettres traduisent une passion, la mer, mais sont souvent très dépressives : il a le cafard, il n'est bon à rien, il est la honte de la famille, etc... Rentré chez lui, il termine vaille que vaille une année scolaire. Et en cours de vacances se détend à nouveau. Cependant, cette fois les parents (et lui-même) acceptent l'entrée dans un Centre psychothérapique où il se stabilise après cependant une fugue, à l'occasion d'une absence des parents, et une tentative de suicide par panique devant une période d'examen.

13. YVAN M..., 12 ans et demi[2].

[1] Voir p. 60-66 et 103-105.
[2] Yvan M., après une psychothérapie suivie régulièrement en 1968 (M. Musset), a été revu en consultation en septembre 1968 : nettement amélioré malgré des difficultés relationnelles parentales toujours persistantes. Celles-ci ont d'ailleurs amené la suspension d'une psychothérapie qu'il eût été souhaitable de poursuivre. On a appris, en janvier 1969, que l'enfant aurait commis

Est un enfant unique. Une grand-mère maternelle serait toxicomane. La mère souligne la bizarrerie des deux familles. Elle-même a peu de points communs avec son mari. Les relations conjugales sont vécues comme un devoir, elle a refusé d'avoir d'autres enfants après la naissance d'Yves.

Le père est soigné pour « gastralgies » et ne suit pas le traitement. Il est difficile à étiqueter : obsessionnel psychasthénique ou grand névropathe camouflé. Les deux parents travaillent.

Le premier développement a été subnormal. Nombreux placements de la naissance à 18 mois chez une sage-femme, puis 5 à 6 mois chez une autre personne, en juillet-août 1965, chez une infirmière, etc... Yvan rentre au domicile familial en octobre 1961. Congestion pulmonaire avec otite à deux ans, coqueluche à cinq ans, hernie et appendicite en 1959.

L'appétit est moyen mais avec des périodes de boulimie. Le sommeil est difficile. L'enfant se plaint souvent de la vie, avec des périodes pénibles où il se trouve très malheureux chez lui. Et le pédiatre qui le suit actuellement a prescrit Niobivon et a constaté qu'il avait des effets favorables.

A 8 ans, l'enfant fait mine de se tuer alors qu'il était chez sa grand-mère, en dirigeant un couteau contre lui-même.

Il est hospitalisé pour tentative de suicide le 24-2-1967. Il avait absorbé des médicaments après deux punitions considérées comme injustes. Il laisse d'ailleurs une lettre explicative de son geste où il dit entre autres que tout le monde est contre lui (ses camarades, ses professeurs). A l'examen le contact est bon mais l'enfant reste sur la défensive et frappe par son aspect dépressif et une certaine bradylalie.

En cours de séjour, la persistance de ces deux notes dépressive et paranoïaque fait discuter une psychopathie.

Le TAT montre essentiellement des personnes seules avec thèmes anxieux et problèmes familiaux : culpabilité en relation avec l'ambivalence vis-à-vis de sa mère, rivalité avec son père. Le Rorschach est inquiétant avec agressivité bloquée, culpabilité certaine et problèmes sexuels. Anxiété considérable[1]. L'enfant est mis au Nozinan 75 mg et il quitte le service le 11-3-1967 avec traitement psychothérapique ambulatoire qui sera poursuivi 10 mois.

Parallèlement, il est conseillé à la mère de se faire opérer et au père de suivre les prescriptions de son gastro-entérologue. Placement en internat secondaire. L'adaptation est bonne mais reste fragile. Revu en juin. Retour de vacances euphorique mais conflit avec un des professeurs.

14. Roger B..., 15 ans.

Suivi par le Professeur Agrégé Bertrand (Service du Prof. Jeune). Est le troisième de 5 enfants, tous en bonne santé. Psychose mélancolique chez la grand-mère paternelle. Dans les antécédents somatiques, bronchite à 4 mois sans séquelles évidentes et rhinopharyngites fréquentes.

Dès le début de la scolarité on note un retard, il n'apprend à lire que difficilement à 7 ans. On remarque un caractère renfermé jouant peu, suivant ses

---

un vol et qu'il a alors été confié à un de nos collègues, qui suivrait lui-même maintenant Yvan en psychothérapie « superficielle ».

[1] Voir p. 61-62 et p. 106-107.

parents, de préférence à ses frères. Il aime le bricolage, la musique, se plaint à ses parents de son « cafard », de son angoisse de ne pas se mettre au diapason de ses frères.

La situation se détériore en 1962 en cours moyen 2e A. Il refuse la plus grande partie de sa nourriture. En juin 1963, une hospitalisation lui permet de prendre 8 kg en 3 mois, mais il perd presque tout le bénéfice de cette hospitalisation dès qu'il rentre chez lui. Un internat en montagne, en 1964, donne d'assez bons résultats. Dès la rentrée, en octobre 1964, il reprend du poids.

Le déficit statural est important et l'enfant s'en inquiète. Il est hospitalisé en pédiatrie en janvier 1965 pour cette anorexie récidivante.

D'emblée l'enfant frappe par sa mollesse et ce qu'il extériorise de celle-ci : il voudrait un métier qui ne le fatigue pas trop, où il puisse travailler le matin et bricoler l'après-midi. Il est ouvert, dit qu'il n'aime pas rire, triste, anxieux devant l'avenir.

NM médiocre, QI : 83. Rorschach extratensif à réponses fabulatoires, agressives [1].

Les fables de Düss, l'arbre de Koch mettent en évidence les sentiments d'anxiété, d'infériorité, d'insécurité. Dans le service, il mange normalement et, après un bilan endocrinien complet, il quitte le service avec Diarnabol, Nozinan et indication de psychothérapie par psychodrame.

En juin 1966, il est revu, allant assez bien. Le psychodrame a été mûrissant par l'affrontement de la situation œdipienne et des thèmes de castration associés.

Le Rorschach est peu modifié. Il est actuellement dans un externat éducatif (avec placement en famille d'accueil). Il paraît se stabiliser mais son avenir reste incertain, étant donné son retard scolaire et ses moyens intellectuels et physiques limités.

15. BERNARD G..., 13 ans.

Vu en consultation au Centre de Santé Départemental le 22-2-1965. Est fils unique. Le grand-père et la grand-mère maternelle se seraient suicidés. La mère est anxieuse. La première enfance semble avoir été normale. Il a été quatre fois en aérium entre 4 et 8 ans.

Depuis l'entrée en 6e, il se fait du souci pour son travail qui cependant est satisfaisant. Son sommeil est agité, il se lève sans se réveiller, se débat.

NM normal, QI : 116.

Les fables de Düss montrent l'ambivalence pour les parents et des thèmes de castration.

Le dessin de la famille et le Koch sont dépressifs. Le Rorschach est coarté avec stéréotypies animales [2]. Pendant l'examen psychologique le contact est facile : coopérant et appliqué, mais recherche la perfection, il est peu sûr de lui, émotif et doit être rassuré et revalorisé.

16. CHRISTIAN D..., 10 ans.

Hospitalisé dans le service du Prof. Larbre (Debrousse) du 22-5-1964 au 30-6-1964.

[1] Voir p. 62-63 et 108-110.
[2] Voir p. 63 et 111.

Aucun antécédent héréditaire ou collatéral.

Il a présenté, au cours de la première enfance, une anorexie au long cours avec insomnies. Mais par ailleurs, sa première enfance a été bonne et sa scolarité normale.

La maladie se manifeste d'abord par la crainte de ne pas disposer d'assez de temps pour son travail scolaire et de ne pas donner satisfaction, alors qu'en réalité tout va bien. En classe, la maîtresse note une timidité excessive, il fuit toute compagnie, a peur de se confier, il n'aime pas les jeux ou l'effort physique. Son médecin note qu'il est assez renfermé, rarement souriant, ne s'amuse pas avec ses camarades, se juge bon à rien, bien qu'il soit dans les premiers de sa classe. Il se réveille la nuit en pleurant de peur de ne pas savoir ses leçons.

Il est hospitalisé le 22-5-1964 pour état anxieux qui s'aggrave depuis un mois. NM normal. Au Symonds, note conflictuelle avec les parents, avec culpabilité manifeste et préoccupations sexuelles latentes. Les fables de Düss mettent en évidence la frustration maternelle et l'anxiété.

Le Rorschach est superposable [1].

Il est mis à l'Halopéridol, puis Nozinan, et quitte le service avec ce traitement et le début d'une psychothérapie qui est poursuivie par Mme Cosnier, du 17-9-1964 au 27-5-1965. En fait, rentré chez lui, il reste bloqué et renfermé.

On se pose la question d'une mélancolie. Le pronostic apparaît réservé. Les parents ayant quitté la ville, nous n'avons pu savoir la suite de l'évolution.

17. JACKY H..., 11 ans.

Hospitalisé dans le service du Professeur André Bertoye du 4-10-1963 au 16-11-1963. Père éthylique. Il n'y a pas d'autres antécédents héréditaires et lui-même a toujours été en bonne santé.

Il a présenté, en octobre 1963, une grosse angine avec dysphagie, hyperthermie et conserve depuis des douleurs abdominales avec diarrhée. Il n'existe pas de substratum anatomique : bilans négatifs.

Dans le service il est peu expansif, ne se mêle pas aux autres, reste couché, ce qui évoque une scène hypocondriaque.

Le QI est normal : 107. Voudrait être avocat pour défendre les gens. Aime les jeux tranquilles. L'allure est plutôt dépressive.

Le Düss est banal. Par contre, le Rorschach est catastrophique, avec mauvaises formes et note de culpabilité dépressive, qui évoque presque un syndrome mélancolique [2].

Il est mis au Melleril, puis quitte le service avec Lidepran et Halopéridol.

Il s'agit donc d'un état dépressif à symptomatologie physique.

Ayant ainsi exposé nos observations de 17 enfants que nous avons considérés comme atteints d'état dépressif, nous reviendrons sur plusieurs de leurs aspects ainsi que sur les problèmes que nous évoquions en commençant ce chapitre.

[1] Voir p. 63 et 112.
[2] Voir p. 64 et 113.

CHAPITRE 2

DISCUSSION ET COMMENTAIRES CLINIQUES

I. Problèmes étiologiques

L'origine est variée de même que chez l'adulte.

Disons tout d'abord que les états dépressifs ne surviennent guère avant l'âge pubertaire ou à son approche et ceci n'est pas sans poser des problèmes particuliers, différents de ceux de l'adulte, dont la structure est fixe par contraste avec cet « âge évolutif ».

En effet, le passage de l'état de l'enfant à celui de l'adulte qu'est l'adolescence représente une période de bouleversement physique autant que psychique. On ne sait que trop comment l'adolescent est en révolte avec sa famille : il répond, il ergote. Il veut obtenir son autonomie, rejetant à la fois son père et sa mère. Simultanément ou consécutivement, l'adolescent s'enferme, se referme, s'isole. C'est le temps du journal intime, du narcissisme pubertaire. Mais surtout, il prend conscience du temps, de son écoulement, de la mort et de la nécessité des choix par lesquels il s'affirmera. Il se complaît dans sa perplexité, revient sur ses décisions. Il aime les discussions, les problèmes qui n'ont pas de solution.

Tous ces aspects sont normaux chez la plupart des adolescents, mais l'on comprend qu'à cette période la distinction soit difficile entre le normal et le pathologique aussi bien pour les conduites que pour les bilans projectifs.

Chaque enfant arrive à l'adolescence avec son potentiel héréditaire. Sans tomber dans l'« analyse du destin » d'un Szondi, on ne peut que noter que l'autisme accentué et prolongé annonce la bascule de l'enfant dans l'*hébéphrénie*.

De même quelles bornes pourrions-nous mettre quelquefois entre le vague à l'âme, le repli sur soi et une psychopathie, caractérisée par une des faces du dyptique *de la psychose maniaco-dépressive*.

Moreau de Tours, en 1888, affirme que dès l'âge de 7 ans l'enfant peut faire une excitation maniaque franche ou une dépression nette. Lange dit que, si 18 % des accès débutent entre 15 et 20 ans, 50 % surviennent avant 15 ans.

Fréquemment toutefois, l'aspect clinique *ne devient caractéristique que plus tard,* lors de l'évolution ou des récidives : il en est ainsi dans plusieurs observations :

— Obs. n° 1 : au premier séjour, l'état infectieux ayant précédé les troubles psychiques fait discuter un accès confusionnel par atteinte microbienne ou virale. C'est la récidive même qui fait affirmer la mélancolie.

— Obs. n° 3 : ici aussi l'hésitation du diagnostic cède au deuxième séjour de l'enfant.

Mais il faut savoir découvrir la signification de troubles du comportement dont l'évolution cyclique marque une rupture avec l'état antérieur. Ainsi déjà chez l'enfant la psychose maniaco-dépressive peut se manifester et il faut souligner l'importance d'*antécédents familiaux* de même ordre, fréquemment retrouvés. Dans l'observation n° 1, une grand-mère est hospitalisée depuis 40 ans en milieu psychiatrique; dans l'observation n° 3 et l'observation n° 4 on trouve chez l'un des parents une psychose maniaco-dépressive certaine.

L'état dépressif peut également être « réactionnel », conséquence d'un événement douloureux ou d'une situation vitale pénible. La dépression réactionnelle doit en principe alors satisfaire aux conditions suivantes :

— La réaction dépressive est en liaison étroite avec le traumatisme initial de façon compréhensible pour l'observateur.

— Le contenu des thèmes douloureux reste en rapport avec l'événement qui a engendré l'état dépressif.

— La symptomatologie varie en fonction des événements extérieurs, l'évolution dépendant en partie des modifications de la situation et du milieu.

Ceci revêt un aspect particulièrement important chez l'enfant *dépendant d'abord de son milieu familial.* Les perturbations plus ou moins profondes de celui-ci entraînent des modifications du lien affectif.

De même, peuvent à notre avis déterminer des troubles dépressifs, les *multiplacements* de la petite enfance. La perturbation familiale intervient assez peu dans nos six premières observations, sauf pour Roselyne

N... (n° 6). Par contre, elle est très marquée dans les suivantes et nous relèverons parmi elles :

— Jocelyne C... (n° 9) qui est manifestement déclassée dans son milieu familial assez fruste, avec interférence d'un autre couple socialement plus aisé, et de plus rivalité avec une sœur.

— Jean-Marc A... (n° 8) appartient à un milieu pauvre vivant dans de mauvaises conditions, chez qui interviennent des placements successifs, en particulier de 9 mois à 2 ans, âge particulièrement critique.

Ce qui différencie ces états « réactionnels » de la catégorie des dépressions névrotiques, au moins à notre point de vue, c'est leur caractère transitoire et leur motivation, si l'on peut dire, immédiatement rationnelle. La personnalité de l'enfant a été mise à l'épreuve de situations qui dépassaient son seuil de tolérance momentanée. Mais est-ce définitif ? Dans les états névrotiques dont nous avons retenu deux observations seulement, peut-être les trois précédentes pourraient-elles aussi se ranger ?

Quoi qu'il en soit, les *dépressions d'origine névrotique* ont une autonomie incontestable par l'ancienneté des perturbations relationnelles assumées par nos malades et ce que l'on peut définir brièvement dans leur personnalité en parlant de *troubles de la structure de leur moi ou de faiblesse de celui-ci*.

— René G... (n° 10) dont la famille est peu équilibrée, avec également multiplacements et rejet familial évident.

— Sylvie B..., avec divorce des parents, attitude de rejet de sa mère, placements et séjours où elle est livrée à elle-même.

Mais, comme nous l'avons dit, en définitive, nous avons été amenés en quelque sorte à un aveu d'impuissance en étiquetant six de nos observations (n°⁸ 12 à 17) « *cas mixtes difficilement classables* ».

Pour deux d'entre eux (n°⁸ 15 et 17), cela tient sans doute seulement à l'insuffisance des informations que le cadre de l'hôpital ou de la consultation a permises : perdus de vue trop vite, ils restent des diagnostics en suspens. C'est le même motif qui ne nous a pas permis de trancher pour Christian (n° 16) entre un épisode mélancolique fruste en faveur duquel nous penchions et une névrose d'angoisse que le bilan projectif aurait pu évoquer. Dans l'observation n° 14 en fait, la continuité des contacts amène à la notion d'un nouvel épisode d'anorexie mentale actuelle. Or on sait la gravité (et la rareté) de ce syndrome chez le garçon et sa relation avec des états *névrotiques graves*.

C'est ce dernier diagnostic auquel on est conduit à propos de nos observations n°ˢ 12 et 13 où s'associent des antécédents héréditaires chargés et des problèmes relationnels parentaux graves et très précocement marquants dans leurs vies.

Aussi bien, ce n'est pas sacrifier à la mode du moment que de souligner l'apport en la matière des épigones de Freud et essentiellement ceux de Mélanie Klein. Il nous paraît capital de se référer ici à la *notion kleinienne d'états dépressifs très précocement déterminés* par les difficultés d'interprétation de « mauvais objet » que représente (très schématiquement) la « mère dévorante »; nous y reviendrons (p. 41 et 57).

— Georges H..., pour qui existe un conflit familial l'opposant à son père.

— Yvan M..., dont le couple parental apparaît également perturbé et ayant été placé de nombreuses fois, bien que fils unique.

Les difficultés relationnelles scolaires entrent également en jeu comme c'est le cas de ces deux derniers enfants, car on oublie souvent, dans le bilan des facteurs traumatisants, que près de la moitié de la vie d'un enfant se passe à l'école avec des adultes qui ont leurs propres problèmes.

Il est important de remarquer cette dépendance étroite de l'enfant avec sa famille et à son milieu scolaire; ceux-ci étant générateurs de perturbation, la thérapeutique visera soit à les modifier, soit à une séparation cette fois éducative de l'enfant, si la première solution ne peut être réalisée, en même temps qu'on aidera l'enfant à dépasser ses propres problèmes.

Indépendamment de ces trois grands groupes de dépressions, il faut insister aussi sur :

— *les dépressions à départ somatique* : d'où l'interférence chez certains enfants de maladies organiques banales telles que primo-infections, R.A.A. Il s'agirait alors d'asthénies post-infectieuses anormalement accentuées;

— indépendamment des problèmes relationnels scolaires avec les maîtres ou ses camarades, l'importance du *surmenage scolaire* que l'on peut mettre en évidence et particulièrement à l'âge pubertaire, où coïncident l'évolution physique et biologique et le plus grand effort de travail.

De toute façon, ne devient pas dépressif qui veut et, pour suspecte que puisse paraître à beaucoup de psychiatres la référence à des *données caractériologiques et biotypologiques,* la question vaut d'être posée. Nous avons, par exemple, été frappés par l'aspect « féminoïde » (malgré leur eutrophie) de certains de nos cas masculins, alors que plusieurs des filles se seraient bien rangées dans la catégorie des pycniques de Krestchmer.

Cette diversité des étiologies entraîne donc pour chaque cas une analyse aussi précise que possible, puisque aussi bien la thérapeutique et le pronostic en dépendent en grande partie.

II. Individualisation d'« états dépressifs » mélancoliques

Des différences essentielles apparaissent entre les six premières observations concernant des mélancolies authentiques et les autres états dépressifs.

Etats mélancoliques purs ou faisant craindre le début d'une hébéphrénie

Dans nos six cas, le comportement de l'enfant est *pratiquement normal avant le début* de sa maladie et ceci est très important : Gérald C... est un brillant élève (prix d'excellence en 5e); Elisabeth S..., bien qu'un peu cyclothymique, est une enfant gaie; Yves C... et Bernadette F... n'ont aucun trouble antérieur; Roselyne N..., par contre, est une débile légère avec un milieu familial perturbé.

D'une façon générale, *le début* dans ces six observations *est extrêmement brusque,* précédé deux fois par un épisode infectieux, par une petite intervention chirurgicale, sans cause également.

Dans ces six observations, *le tableau clinique est d'emblée évocateur d'une affection psychiatrique grave* et l'on relève, de façon variable suivant les cas, les caractéristiques de la mélancolie décrites chez l'adulte :

— troubles de l'humeur et « *douleur morale* » que l'enfant extériorise moins bien que l'adulte, car il ne peut l'analyser. Elle apparaît soit à l'interrogatoire, soit à la faveur des moyens d'expression libres, dessin en particulier où l'enfant refuse les couleurs, dessine des grisailles, de gros nuages noirs, des arbres morts ou sans feuilles;

— des idées d'*autodépréciation* concernant l'enfant directement ou le héros du test. Il doute de lui, se déprécie, n'est bon à rien. La pensée est triste avec pessimisme, résignation, ennui. Notons en particulier la crainte de devenir fou dans l'observation n° 1, la crainte de la mort qui fut un des premiers signes de l'observation n° 4;

— l'*inhibition intellectuelle* existe à des degrés divers. Elle explique en particulier la baisse du rendement scolaire. L'enfant a du mal à soutenir son attention, à se concentrer sur son travail. Il n'y a cependant pas de diminution objective des possibilités intellectuelles;

— le *ralentissement de l'activité* aboutit rarement chez l'enfant à une aboulie totale, mais il refuse les jeux collectifs, a tendance à s'isoler;

— les *signes physiques* sont en général moins importants que chez l'adulte, mais on retrouve souvent anorexie et insomnie. Il faut isoler le cas de notre observation n° 2 où le signe prédominant est une anorexie mentale avec amaigrissement et aménorrhée, forme symptomatique d'une mélancolie où l'on découvre les signes psychiques au deuxième plan.

Dans l'observation n° 6, en plus des difficultés de diagnostic entre accès mélancolique et hébéphrénie, un autre problème s'est posé : lors de la première hospitalisation, on trouvait une aménorrhée et un test biologique de grossesse positif; cependant il n'y avait pas de grossesse réelle. Dans le deuxième séjour, on n'arrive pas à savoir si l'enfant est réglée ou non. Le test finalement est négatif.

Ces faits sont à rapprocher de l'observation décrite par P. Abely et Mme C. Le Guillon qui rapportent l'observation d'une psychose intermittente chez une oligophrène avec particularités biologiques : aménorrhée à chaque accès maniaque avec test immunologique de grossesse positif redevenant négatif après la cessation de l'état maniaque et réapparition des règles. Une deuxième fois test douteux redevenant ensuite négatif. De tels faits avaient été décrits antérieurement avec des tests positifs chez des maniaques de sexe masculin. Il y a eu 4 cas de vérification anatomique montrant une *hyperplasie du lobe antérieur de l'hypophyse* limitée aux seules cellules acido-chromophiles. Coïncidence possible entre cette hyperplasie, les états hyperthymiques et l'aménorrhée avec déséquilibre folliculine-progestérone ? D'où la proposition faite par ces auteurs du contrôle des tests immunologiques de grossesse chez de tels malades.

On peut en rapprocher l'observation publiée par H. Baruk et collaborateurs, d'un homme présentant une psychose maniaco-dépressive ayant débuté dans l'adolescence et hospitalisé pour état maniaque. Un choc psychologique entraîne la transformation de son état psychique, mais apparition d'une obésité de 30 kg en 10 mois, soulevant l'hypothèse de *l'origine diencéphalo-hypophysaire*.

III. Difficultés de diagnostic entre les états dépressifs mélancoliques ou non et une hébéphrénie commençante

C'est certainement plus encore que chez l'adulte le problème majeur, tant sur le plan de la sémiologie clinique que de l'orientation thérapeutique et de la formulation d'un pronostic.

Si nous voulions « brûler nos vaisseaux », nous dirions que le diagnostic de l'état dépressif signant l'entrée dans l'hébéphrénie est essentiellement positif et *se fait sur la première impression clinique* comme, par exemple, dans un tout autre ordre d'idée, celui d'un myxœdème. C'est l'impression, nous répétons délibérément le terme, de *discordance* avec le monde ambiant qui se marque dans :

— l'*aspect* physique, sourires discordants, maniérisme discret ou au contraire indifférence et air « ailleurs »;

— la *difficulté de contact* qu'exprime l'enfant elle-même (je me trouve « drôle ») et que nous ressentons nous-mêmes comme un réel malaise. Ce n'est pas là constatation nouvelle, mais comme le rappelait P. Guiraud [1] « ce diagnostic d'impression en face du malade n'a rien d'assuré » et souvent donc cette première impression est secondairement contestée... et c'est alors une observation « longitudinale » qui finalement emportera la conclusion et la thérapeutique.

---

[1] In « Confrontations Psychiatriques », n° 2, XII-68 : « Evolution de la schizophrénie ».

CHAPITRE 3

**APPORT DES TESTS PROJECTIFS,
ET PLUS PARTICULIEREMENT DU RORSCHACH,
A L'ELABORATION DU DIAGNOSTIC
DES ETATS DEPRESSIFS CHEZ L'ENFANT**

Nous avons, sur le plan clinique, classé nos observations en cinq catégories :
— états mélancoliques,
— états dépressifs préschizophréniques,
— états dépressifs réactionnels,
— états dépressifs névrotiques,
— cas « mixtes » difficilement catégorisables.

Mais nous avons vu comment, au moins dans le cadre de ces 17 dossiers, seul apparaissait comme nettement tranchée l'autonomie clinique des états dépressifs signant un accès mélancolique. Pour les quatre autres types les certitudes cliniques se révèlent beaucoup moins fermes.

La question qui se pose est maintenant celle-ci : « Y a-t-il chez l'enfant et l'adolescent, un Rorschach spécifique de chacune de ces catégories ? » C'est-à-dire : y a-t-il d'une part une homogénéité des protocoles dans chaque catégorie, et d'autre part des traits permettant de différencier les catégories ?

Aux 17 observations correspondent un total de 34 Rorschach; certains sujets n'ayant été testés qu'une fois, d'autres l'ayant été jusqu'à 5 fois.

Les conditions de passation n'ont malheureusement pas été identiques pour tous les sujets : certains ayant été vus en consultation hospitalière, d'autres au cabinet de l'un de nous. Les examinateurs ont varié également, ce qui a des incidences, d'une part sur les réponses mêmes du sujet, d'autre part sur la codification des réponses.

Le temps ni le retournement des planches n'étant notés, de façon régulière, nous n'en avons pas tenu compte pour ce travail.

A) LE GROUPE DES ETATS MELANCOLIQUES

Comprend 4 cas et totalise 11 psychogrammes. Examinons d'abord de façon synthétique les protocoles de ce groupe. Leur analyse prend place p. 75 à 89.

I. PRESENTATION DES PROTOCOLES

1. *Les 3 protocoles de Gérard C...*

Se caractérisent par l'abondance de réponses qui ne sont pas des interprétations. On trouve de nombreuses réponses « taches », des descriptions de couleur, des remarques sur la symétrie, des appréciations négatives sur les planches : « ça ne représente rien », « c'est pas beau », et des références personnelles : « c'est pas mon portrait ça » (7), « j'ai fait du mal, j'ai poussé un chat par la fenêtre » (1, après l'interprétation « chat »), seulement dans le premier et le troisième protocole. Dans le premier et le troisième protocole correspondant aux premier et deuxième épisodes, le nombre de réponses est très faible : 7 et 11; les refus nombreux : 4 et 3; les formes indéfinissables : monstre, éclaboussure, machin; les humains sont présents, mais sous une forme dépréciée : « gens déguisés », « personnes désarticulées », traduisant la perturbation des contacts avec le monde humain.

Le premier protocole ne comprend que des réponses globales. Mais elles témoignent par leur vague, leur absence de précisions, d'un échec des processus de synthèse auxquels G correspond habituellement.

Descriptions, refus, réponses globales, tout cela traduit l'échec du sujet *en face d'un réel accablant et indéfinissable*. On retrouve là toutes les caractéristiques décrites par Baudouin dans son article « La crise mélancolique vue à travers le test de Rorschach »[1].

Il dit notamment : « cet échec est tellement démonstratif de la mentalité mélancolique, que, si l'on voulait définir le protocole-type de cette maladie, il faudrait imaginer un résultat absolument blanc, commenté seulement de quelques lamentations exclamatives ».

L'affectivité est représentée par une réponse C pure; il n'y a pas de kinesthésie. Le type de résonance intime est extratensif pur.

Le second Rorschach passé après guérison montre une augmentation du nombre de réponses : 29. La disparition des refus, la diminution

---

[1] Annales médico-psychologiques, mai 1954.

des remarques et descriptions et la disparition des références personnelles, les formes sont plus précises. A côté des réponses globales qui restent dominantes (35 %), on trouve des réponses D.

Si la kinesthésie humaine de la planche 3 apparaît, cette forme humaine en mouvement reste encore dépréciée : « des silhouettes de gens, des ombres chinoises, on dirait qu'ils étendent les mains pour se chauffer ». De telles réponses, Bohm dit qu'elles dénotent un processus de relâchement qui dénoue d'anciennes inhibitions.

Avec encore 2 C purs : le type de résonance intime reste toujours extratensif. Mais il y a des réponses FE : 3, qui indiqueraient une certaine possibilité de contrôle des réactions anxieuses.

Nous avons vu les points communs du troisième protocole avec le premier. Il en diffère par la proportion normale des réponses G et D, la présence de 2 réponses KAn, une réponse couleur CF au lieu d'une réponse C.

Cliniquement, les 2 accès étaient de forme différente :
— la première fois, confusion stuporeuse;
— la deuxième fois, le sujet se montre culpabilisé et halluciné.

L'extériorisation d'idées de culpabilité, la présence d'hallucinations, témoignent d'une activité psychique qui contraste avec la prostration et l'indifférence du 1er épisode.

Nous pensons que les KAn du troisième protocole correspondent justement à ce facteur d'activité interne, pathologique, qui n'est pas « en prise » sur le réel. Les kinesthésies secondaires soulignent les tendances mal intégrées à la personnalité du sujet.

2. *Les 5 protocoles d'Elisabeth S...*

Se présentent de façon fort différente. Nombre de réponses normal ou élevé : 1 seul refus dans le premier protocole, aucun dans les autres, aucune remarque ou description, aucune interprétation globale, mais nombreuses réponses Dd (30 à 40 %). Il s'agit d'interprétation de type infantile des petites parties saillantes de la tache.

Bochner et Halpern notent à propos de ces Dd : « Un sujet peut voir et interpréter beaucoup de Dd à cause d'un blocage affectif. Il peut être si déprimé qu'il est sans appétit pour des objets plus larges. » Le contenu, au lieu d'être monstrueux, bizarre ou indéfinissable, fait appel à des objets usuels : « fourchette, casserole », des vêtements : « souliers, chapeau », des parties extérieures d'humains ou d'animaux, ce sont des formes qui ne demandent aucune élaboration.

Comme chez Gérard C..., on peut conclure à une impuissance à aborder correctement une situation dans sa totalité; mais dans ce cas, le sujet, au lieu de rester écrasé par le tout, le fuit vers les parties extérieures, en s'accrochant aux petites choses.

Voici ce que dit Baudouin à propos de ces réponses Dd : « Bien rares, chez le grand mélancolique, sont les "réponses petit détail". Trouver dans un détail, même minime, une ressemblance satisfaisante, en effet, c'est déjà une manière de se dérober, de trouver un biais échappatoire. C'est une adaptation inférieure à une situation qui nous dépasse. »

Cliniquement, toutes les manifestations étaient de « rétention » et de « repli » : pas d'absorption d'éléments étrangers (anorexie); pas de rejet à l'extérieur des « excreta » (aménorrhée, constipation), et pas d'échanges verbaux.

Or, dans le *premier protocole,* on trouve une coartation complète de la vie affective, bien en accord avec les symptômes $\left(\dfrac{K}{C} = \dfrac{O}{O}\right)$ RC % bas. Le F + % est assez bas. Il n'y a aucune réponse banale, et aucune réponse humaine entière. Le A % est très bas (18 %). La première planche est refusée.

Dans les *second et troisième protocoles* passés après la sortie de l'hôpital, aucun changement n'apparaît dans le mode d'appréhension. Le F + % reste identique. Les kinesthésies sont toujours absentes.

Mais des réponses couleur se manifestent : 1 FC, 1 CF, le RC % est devenu normal et le type de résonance intime est maintenant extratensif pur $\left(\dfrac{K}{C} = \dfrac{O}{1,5}\right)$

Le A % est moins bas, marquant l'élévation du niveau d'identification. Il y a des réponses banales; cependant, elles sont encore en nombre insuffisant.

Le quatrième protocole correspond à une très nette amélioration du comportement.

Si donc les éléments de base du Rorschach restent toujours les mêmes : type d'appréhension, F + %, type de résonance intime extratensif pur, l'amélioration ne se traduit que par un changement minime. On note simplement que le nombre de réponses banales est maintenant normal.

Au cinquième protocole, les éléments principaux restent les mêmes. Mais les *réponses humaines changent :* pour la première fois on trouve une réponse humaine entière. Planche 9 : « un homme avec un chapeau pointu », et pour la première fois aussi un contenu humain à la planche 7 : « une tête de femme avec les cheveux en l'air ».

Il est intéressant de rapprocher le peu de modification du Rorschach de la persistance dans le tableau clinique de la constipation et de l'aménorrhée.

3. *Le psychogramme de Yves C...*

Comporte un grand nombre de réponses où interviennent les parties blanches de la tache : 20 % du total. Il s'agit de Dbl, de GDbl et de DDbl. Le nombre de réponses est normal; il n'y a pas de refus. Les G sont en nombre important (42 %).

Il n'y a aucune kinesthésie humaine; une kinesthésie animale, mais peu significative : planche 8, « Là, un tigre qui marche ».

Les réponses couleur sont assez nombreuses : 3 CF. Le type de résonance intime est extratensif égocentrique $\left(\dfrac{K}{C} = \dfrac{0}{3}\right)$. Aucune réponse estompage; le type secondaire de résonance intime est coarté.

Peut-être peut-on rapprocher l'abondance de réponses où interviennent des Dbl, de la tentative de fugue faite par Yves C... pendant son hospitalisation. Elle correspondrait alors à la labilité des affects que ne viennent contrôler ni les kinesthésies, ni les estompages.

4. *Les deux protocoles de Christian M...*

Réponses nombreuses. Aucun refus. Proportion très importante de G. L'appréhension des planches se fait souvent de façon bilatérale, les deux parties étant reliées par un mouvement. Il s'agit à plusieurs reprises (3 fois dans le premier protocole, 2 fois dans le deuxième) d'un mouvement bien particulier, celui du regard ou du reflet. En voici un exemple : Planche 7 : « 2 petits lutins déguisés ou un petit lutin qui se regarde dans une glace ».

Ces réponses reflet expriment en premier lieu la symétrie, mais surtout elles frappent par leur signification narcissique dont nous reparlerons.

Les kinesthésies sont abondantes, mais il s'agit surtout de kinesthésies animales, dont le caractère fabulatoire apparaît comme un enjolivement de la phrase. Elles peuvent avoir même un caractère expressif, avec attribution aux animaux de sentiments, d'une volonté; il y a une réponse de cette sorte à la planche 4 : « deux bêtes collées ensemble qui courent, l'une veut aller à droite, l'autre à gauche ».

On peut rapprocher une telle réponse des K à double sens décrites par Zulliger, qui dénoteraient une tendance à la dissociation.

Pour les kinesthésies humaines K, il n'y en a qu'une par protocole. Il faut y adjoindre une K rép. dans le premier protocole (qui est la réponse à la planche 2 citée plus haut).

Le nombre beaucoup plus grand des k par rapport aux K traduit chez le sujet une intense activité psychique, mais c'est une activité autistique de rêverie, séparée du réel, ce que corroborent sur le plan clinique l'autisme et les constructions délirantes.

L'*éloignement du réel* est confirmé par l'irréalité des humains et des animaux. Les animaux sont qualifiés d'« imaginaire » ou de « préhistorique », les humains apparaissent sous des formes dépréciées d'« ogre » ou de « lutin ».

Il y a une tendance à persévérer dans les mêmes réponses : La réponse « oiseau ou bête imaginaire » revient 3 fois dans le premier protocole et 7 fois dans le deuxième. Et une tendance à persévérer dans la même localisation : 5 réponses globales à contenu animal se succèdent à la planche 5 (1er protocole).

La vision des formes est médiocre. Les réponses « estompage » sont abondantes, elles comprennent des réponses FE au contenu classique « peau de bête », et des réponses EF de perspective « entrée de grotte ».

Dans le premier protocole, il n'y a qu'une réponse couleur, 1 CF; le type primaire de résonance intime est coartatif $\left(\dfrac{K}{C}=\dfrac{1}{1}\right)$ tandis que le type secondaire en est très dilaté et introversif $\left(\dfrac{k}{E}=\dfrac{11}{5}\right)$

Ceci marquerait l'importance d'une vie intérieure restant à l'*état de rêverie* et nullement investie dans la réalité extérieure.

Au moment où le sujet passe son deuxième Rorschach, son comportement s'est amélioré, le contact avec l'entourage est meilleur.

De fait, pour un même nombre de réponses on constate une diminution des G mais qui restent quand même prédominants (40 %) au profit des D, ce qui marquerait un certain retour vers l'aspect concret des choses.

Les réponses couleur ont augmenté : 2 CF, 1 FC (ΣC = 2,5), traduisant une amélioration de la capacité de contact affectif. Mais ce contact reste égocentrique. Le type primaire de résonance intime est maintenant extratensif $\left(\dfrac{K}{C} = \dfrac{1}{2,5}\right)$

Le nombre de K est passé de 11 à 4; le type secondaire de résonance intime est lui aussi devenu extratensif, proche de l'ambiequalité $\left(\dfrac{K}{E} = \dfrac{4}{5,5}\right)$

Les deux formules sont maintenant de même sens; on peut penser que les tensions internes se sont un peu atténuées. Mais par ailleurs la tendance à persévérer dans une même réponse est plus marquée que dans le premier protocole; comme si l'atténuation d'une certaine vie intérieure autistique n'était obtenue qu'au prix d'un appauvrissement général de la pensée.

II. COMPARAISON FACTEUR PAR FACTEUR

Les protocoles de ces quatre sujets nous apparaissent donc comme bien différents. Nous allons reprendre leur comparaison de façon plus analytique, facteur par facteur. Nous comparerons à chaque fois nos résultats avec le syndrome caractéristique de la variation dépressive *endogène* de l'humeur tel que l'a systématisé Bohm à partir des données de Rorschach *chez l'adulte* : amélioration de la vision des formes (F + % = 80-100), rigidité plus grande de la succession, moins de G (0-3), appauvrissement du type d'appréhension (D-Do), plus faible variabilité (A % = 60-80), moins d'originalité (0-10 %) et rétrécissement du type de résonance intime, c'est-à-dire réduction du nombre des K (presque 0) et disparition presque complète des réponses couleur. Le nombre des réponses est inférieur à la moyenne, le temps de réaction augmenté, le F + % inversement proportionnel aux K, et les Hd sont plus nombreuses que les H.

Le nombre de réponses

Nous prenons comme norme 15 à 30 réponses par protocole.

Il y a de 7 à 35 réponses par protocole; 5 ont un nombre normal de réponses, 4 en ont plus, et 2 en ont moins. Pas de communauté de groupe sur ce point.

Le critère du nombre de réponses inférieur à la moyenne n'est vérifié que pour deux des protocoles de Gérald C...; cela coïncidant avec un nombre important de refus.

Les réponses globales G

Absentes pour les 5 protocoles d'Elisabeth S... En nombre élevé pour 4 protocoles mais sans atteindre 50 % des réponses (nous prenons comme norme 20-30 % de G); dépassant les 50 % pour le 2e protocole de Christian M...; unique réponse du 1er protocole de Gérald C... Pas de communauté du groupe sur ce point.

Le critère retenu par Bohm du nombre réduit de G ne se vérifie donc que pour les protocoles d'Elisabeth S...

Mais nous avons vu qu'un auteur comme Baudouin avait au contraire constaté l'abondance des réponses G dans la mélancolie... !

Les réponses de grand détail D

Absentes du premier protocole de Gérald C..., elles sont en nombre un peu insuffisant dans 7 protocoles, en nombre normal dans les 3 autres. Elles ne constituent jamais un élément prédominant.

Les réponses de petit détail Dd

Nous avons vu leur importance dans les protocoles d'Elisabeth S... On les trouve en pourcentage très faible dans 3 protocoles; elles sont absentes dans les trois autres. Pas de commun dénominateur donc.

Les réponses Dbl

Nous avons vu leur abondance dans le protocole d'Yves C...

Elles sont présentes mais de façon discrète (moins de 10 %) dans trois protocoles (les deux protocoles de Christian M..., le deuxième d'Elisabeth S...).

Les 7 autres protocoles n'en ont aucune.

Là encore le groupe n'est pas homogène.

Les réponses Do

On trouve une réponse Do dans 3 des protocoles d'Elisabeth S... Il n'y en a pas dans les autres protocoles.

L'appauvrissement du type d'appréhension se trouve donc réalisé uniquement chez Elisabeth S..., et ceci plutôt de la façon dont Bohm le décrit, c'est-à-dire un déplacement du type d'appréhension du côté D-Dd, avec généralement quelques interprétations Do isolées. Au total, en ce qui concerne le type d'appréhension, le groupe n'apparaît toujours pas homogène.

La succession n'est apparue comme rigide dans aucun des protocoles ayant un nombre suffisant de réponses pour pouvoir l'apprécier.

Le pourcentage de bonnes formes s'est trouvé dans tous les protocoles compris entre 50 et 60 %. C'est donc un point commun au groupe que cette médiocrité de la vision des formes.

Ceci est en contradiction avec le critère « amélioration de la vision des formes » de Bohm.

Les kinesthésies

— *Les grandes kinesthésies K* sont absentes de 9 protocoles. Là où elles sont présentes dans les 2 protocoles de Christian M..., elles le sont en nombre très réduit : 1 K. Cette réduction des K est un autre point commun du groupe. L'accord est complet, là avec le syndrome de Rorschach.

— *Quant aux autres kinesthésies humaines,* qui appartiennent à la catégorie des k, il n'y a aucune kinesthésie partielle kp; pour les krep on en trouve une dans le 1er protocole de Christian M..., et une est donnée par Gérald C... lors de sa guérison (2e protocole).

— *Les kinesthésies animales Kan.* Très abondantes dans le 1er protocole de Christian M... : 10 kan; encore nombreuses dans son 2e protocole : 4 kan.

On en trouve également dans le 3e protocole de Gérald C... : 2 kan; il y en a une seule chez Yvan C..., et aucune chez Elisabeth S...

— *Les kinesthésies d'objet Kob* n'existent pas. Les petites kinesthésies marquent des tendances profondes, des tensions internes qui ne peuvent se résoudre dans un comportement extérieur.

Nous avons remarqué pour Gérald C... et Christian M... la correspondance des k avec une activité psychique déréalisante : production d'idées délirantes, d'hallucinations, retrait dans une rêverie autistique, tandis que chez Elisabeth S... qui n'a pas de k, on ne trouve aucun phénomène de cette sorte, mais une allure figée, une parole lente, qui attesteraient du « vide intérieur », de l'impossibilité de toute création psychique, fut-elle délirante.

Les réponses couleur

Un protocole n'a aucune réponse couleur (premier protocole d'Elisabeth S...). Pour les 10 autres, la somme des réponses couleur ΣC est comprise entre 1,5 et 3,5; ce sont les valeurs couleur labiles (CF et C) qui y prédominent. Les réponses C pures se retrouvent dans trois protocoles.

On ne constate donc la disparition des réponses couleur que dans un protocole. Dans les autres protocoles, l'affectivité, bien loin d'avoir la tonalité stable que Rorschach assignait à tous les dépressifs, se montre essentiellement labile, voire même impulsive.

Dans une étude sur « mélancolie et suicide », Durand de Bousingen a montré la relation de réponses CF et C dans les protocoles de mélancoliques avec des réactions suicidaires. Rien dans ce sens n'est apparu chez nos sujets, mais chez l'un d'eux, une fugue.

Le type de résonance intime

Il est coarté ou coartatif dans 2 protocoles, extratensif dans tous les autres.

Il est curieux de trouver ce type extratensif, considéré comme l'indice d'un contact affectif aisé, chez des sujets qui précisément se caractérisent par leur contact laborieux, leur difficulté à répondre aux situations émotionnelles.

Peut-être faut-il incriminer ici un des types de réactivité propres à l'adolescence normale tel que dans un autre travail l'un de nous avait essayé de le formuler dès 1948.

Les estompages

Dans 7 protocoles, les estompages n'interviennent jamais. Ils sont en nombre restreint dans 2 protocoles (le deuxième de Gérald C... et le premier d'Elisabeth S...) et seulement sous la forme FE, 2 réponses FE dans chacun ($\Sigma E = 1$).

Ils sont abondants chez Christian M..., avec non seulement des réponses FE (4 et 5) mais aussi 3 réponses EF dans chaque protocole ($\Sigma E = 5 - 5,5$). Chez celui-ci seulement se trouverait l'extériorisation d'une sensibilité spéciale au milieu fortement teintée d'anxiété.

Le type secondaire de résonance intime

Il est coarté ou coartatif dans 8 protocoles, introversif dans le premier protocole de Christian M... et le troisième de Gérald C..., extratensif dans le second de Christian M... Dans ces trois derniers cas, la formule secondaire est plus dilatée que la formule primaire, et elle est de sens contraire pour Gérald C...

Le pourcentage de réponses animales A %

Nous y avons inclus les réponses A, Ad et peau de bête.

Pour tout le groupe, le A % est compris entre 18 et 60 %. Il est normal dans 7 protocoles et bas dans les 4 autres qui sont le 1er protocole de Gérald C... et 3 des protocoles d'Elisabeth S...

Ainsi dans aucun de ces protocoles on ne constate l'augmentation du A % indiquant une rigidité accrue des processus mentaux.

Là où le A % est bas, il est intéressant de savoir quels sont les contenus qui ont remplacé les interprétations animales.

Pour Gérald C... comme pour Elisabeth S..., ce sont des contenus nécessitant encore une élaboration moindre que les contenus animaux; mais les réponses ne sont pas pauvres de la même façon chez les deux sujets : chez Gérald C..., c'est par impuissance à donner une forme précise à sa perception : « monstre, éclaboussure »; chez Elisabeth S..., c'est essentiellement par l'infantilisme des réponses.

Le pourcentage des réponses humaines H %

Nous y comprenons les réponses H, Hd et Hdep.

Le H % est normal pour tout le groupe, il est compris entre 10 et 20 %.

Mais dans toutes ces réponses humaines il ne s'agit que rarement d'un être humain vu en entier et sans mise à distance. La plupart des réponses sont des Hd et des Hdep. Les Hd se trouvent surtout dans les protocoles d'Elisabeth S... Nous avons vu que pour elle la possibilité de voir un être humain en entier n'est apparue que dans son cinquième protocole. Les réponses Hdep se trouvent surtout dans les protocoles de Gérald C... et Christian M...

Les êtres humains apparaissent comme se cachant, ayant une double nature : ainsi les deux réponses suivantes : « des gens déguisés », réponse donnée à la planche 7 par Gérald C...; « des lutins déguisés », réponse donnée à la planche 2 par Christian M...

Ou bien ils sont mis à distance sous forme de personnages mythologiques : ogre et lutin revenant 5 fois chez Christian M..., diable chez Yves C...

Enfin, ils peuvent être réduits à une représentation à deux dimensions, perdant leur épaisseur, leur tridimensionnalité : ombres chinoises, silhouettes (planches 3 et 7 de Gérald C...), et la dégradation est quelquefois plus grande, par assimilation à une mécanique; il s'agit encore de réponses données par Gérald C... : 3. « On dirait des personnes désarticulées »; 7. « Un pantin désarticulé relié à l'autre moitié par une sorte de charnière ».

La nature de ces réponses H témoigne pour tout le groupe de la difficulté des rapports humains, de la peur du contact vivant avec autrui, en un mot, de l'impossibilité d'assumer le dynamisme inhérent à toute forme vivante.

Les réponses anatomiques

Elles apparaissent comme très rares. On n'en trouve que dans trois protocoles et seulement une dans chacun.

Les réponses sang

De telles réponses, qui dénotent un trouble émotionnel violent suscité par la couleur rouge, sont également rares.

La persévération

Nous n'avons trouvé la tendance à persévérer dans un même contenu que chez Christian M...

Mais la persévération à propos des parties appréhendées, le sujet s'accrochant à la même partie de la tâche en en donnant plusieurs interprétations, se trouve à la fois chez Christian M... et chez Yves C...

Dans la ligne des références aux théories psychanalytiques, nous avons trouvé chez Yves C... et Christian M... des réponses qui correspondraient à une *perturbation des rapports avec la mère dans leurs stades primitifs*.

Chez Yves C..., il s'agit de réponses à caractère oral se situant aux planches 7 et 9, dites « planches maternelles » : 7. « Là, on dirait une bouche »; 9. « Des tranches de jambon ».

Chez Christian M..., il s'agit de la recherche d'un refuge dans le « giron maternel »; réponse : « entrée de grotte », aux planches 7 et 10. Et chez les deux sujets les réponses G sont abondantes, ce que Bohm, à la suite de Zulliger, a mis en correspondance avec l'oralité.

De plus, nous avions trouvé chez Christian M... des réponses à caractère nettement *narcissique* (se regarder, reflet). Ces réponses ne se réfèreraient-elles pas à la mère comme source de satisfactions narcissiques ?

Bela Grunberger [1] a souligné le rôle primordial du *narcissisme* chez le déprimé. L'absence de confirmation narcissique par la mère ne lui permettrait pas de passer du régime narcissique absolu à un monde objectal où l'on peut se donner à soi-même la confirmation narcissique. Il a donc constamment besoin d'apports narcissiques externes, et toutes ses relations objectales sont vécues sur ce mode. Mais l'objet ne peut jamais fournir une satisfaction narcissique suffisante à celui dont le *moi* n'a pu trouver les investissements archaïques indispensables; seul, le lui permet alors le retour au niveau du narcissisme primitif.

Nos sujets ne rentrent-ils pas dans ce cadre dont l'on saisit les références kleiniennes ?

Dans l'observation de Christian M..., un détail montre la mère ressentie comme « frustrante » : elle est accusée de le priver de jouets.

Chez Yves C..., plusieurs réponses, étant donné ce que l'on sait de l'histoire, paraissent révélatrices d'une angoisse de castration :

choc à la planche 4, généralement référée à l'image paternelle et au surmoi : « Là, ça ressemble à rien », suivi de la réponse « bougeoir » (D central en bas) qui peut être interprétée comme un symbole phallique.

A la planche 6, considérée comme la planche sexuelle, on trouve une réponse à tonalité anxieuse : « Là, on dirait une bête écartelée ».

A la planche 9, une interprétation de dents signifierait aussi bien un sentiment de culpabilité liée à la masturbation, qu'une référence à la crainte de l'organe sexuel féminin « dévorant ».

Selon Bela Grunberger, ce n'est pas l'angoisse due au sentiment de culpabilité comme telle, qui déclenche la dépression, mais c'est la *blessure narcissique que représente le fait de ne pas avoir su surmonter cette culpabilité*.

Phénomènes particuliers : les descriptions, les remarques sur la couleur, les appréciations personnelles ne se trouvent que dans les protocoles de Gérald C...

[1] Revue française de Psychanalyse, 1965, n° 2-3.

Gérald C... et Christian M... seulement donnent des réponses où la forme est indéfinissable ou extrêmement vague : « éclaboussure », « monstre », « des machins qui tirent sur quelque chose », « stalactite sans forme », « un objet quelconque » et d'autres où les formes apparaissent comme bizarres ou n'appartenant pas à la réalité présente : « ailes atrophiées », « carré déformé », « crabe difforme », « oiseau de l'antiquité », « chauve-souris de l'ère primaire », « oiseau imaginaire ».

La sensibilité à la symétrie apparaît directement : « c'est symétrique », dans les protocoles de Gérald C.... Elle se retrouve de façon indirecte dans le protocole d'Yves C..., sous forme de répétition de la même interprétation pour les deux parties symétriques aux planches 2, 8 et 10. De même chez Christian M..., les réponses « reflet » et « regarder dans une glace » sont une interprétation de la symétrie; mais ce que l'on en retient surtout, c'est leur aspect narcissique.

Chez Elisabeth S..., la symétrie ne joue aucun rôle.

Les réponses banales sont en nombre un peu insuffisant dans tous les protocoles; nous avons même vu qu'elles étaient totalement absentes du 1er protocole d'Elisabeth S... et que leur apparition par la suite était consécutive d'une amélioration.

En conclusion de l'étude des Rorschach de ces 4 sujets classés cliniquement dans le groupe des *états mélancoliques*, nous devons dire :

— *que l'on ne peut pas parler, comme l'a avancé Bohm, d'un Rorschach typique* reflétant leur commune affection, mais que l'on peut mettre en évidence chez eux, un certain nombre de *points communs* : vision des formes médiocre, absence de K, valeurs-couleur labiles, A % jamais élevé, peu de réponses banales;

— *par rapport au syndrome classique de Rorschach chez l'adulte, les différences sont importantes* : les facteurs qui dépendent de l'autocontrôle des associations, F + % et A %, au lieu d'atteindre des valeurs maximales, ont au contraire des valeurs médiocres ou basses; les affects, au lieu d'être stables, sont labiles.

B) LE GROUPE DES ETATS DEPRESSIFS « PRESCHIZOPHRENIQUES »

Il comprend deux cas et totalise 6 protocoles.

I. PRESENTATION GENERALE

1. *Les deux protocoles de Bernadette F...*

Leur pauvreté est extrême. 10 et 11 réponses dont 70 à 80 % sont des animaux. En plus de cette stéréotypie, on note une persévération dans la même réponse : « chien », qui revient 3 fois dans le 1er protocole, 4 fois dans le 2e. Les formes sont très mauvaises : $F\% = 38\%$. Il n'y a aucune réponse humaine et a fortiori pas de K.

Dans le premier protocole, il y a trois refus (1, 6, 9); les réponses sont extrêmement brèves, sans aucune construction; une seule banalité, celle de la planche 5.

Le type d'appréhension est bien équilibré, GD, Dd, Dbl.

Le Dbl qui est donné à la planche 2 correspond à une réponse parasexuelle : « la vessie », elle est suivie de la réponse Dd : « des jets d'eau », qui renforce sa signification.

Cette interprétation est un Kob : c'est la seule kinesthésie.

La sensibilité à la couleur est faible : une réponse FC, il n'y a pas de réponse estompage.

Les deux types de résonance intime sont coartatifs.

Au total, pensée et vie affective *extrêmement pauvres,* avec manque de participation à la pensée commune, perte du contact humain profond. La réponse sexuelle est à mettre en relation avec les manifestations de masturbation compulsionnelle.

Dans le second protocole, il n'y a plus de refus. Un certain nombre de réponses sont construites, mais de façon très rudimentaire, par juxtaposition d'éléments. Il n'y a pas de réponses banales. Le type d'appréhension est différent. Il comporte seulement des G et des D, avec une très forte prédominance des G (82 %). Deux réponses ont un contenu autre qu'animal. Elles présentent une même nuance d'agressivité ou de destruction : 2. « un chapeau éclaté »; 9. « du feu avec un jet d'eau au milieu ».

Cette dernière réponse combine les deux déterminants C et Kob. C'est la seule réponse couleur. Les réactions émotionnelles sont rares, mais elles échappent à tout contrôle. Le type de résonance intime est extratensif pur.

Le deuxième protocole est un peu moins pauvre que le précédent et des éléments agressifs et impulsifs s'y expriment.

2. *Les quatre protocoles de Roselyne N...*

On observe une *détérioration continue du premier au quatrième protocole*. Dans le premier protocole, le nombre de réponses est normal (21), il n'y a pas de refus. La vision des formes est médiocre (43 %); le contenu est très stéréotypé, 85 % d'animaux. Ceux-ci souvent ne sont pas précisés : 2 fois un animal, 6 fois un « insecte ».

De plus, il y a persévération pour un certain nombre de planches, dans une même localisation G. De ce fait, le nombre de G est très grand (61 %); les D sont peu nombreux, il y a un seul Dd. Les réponses G sont de type structural, ne témoignant donc d'aucune synthèse. Le nombre de banalités est un peu insuffisant (3). Il n'y a pas en particulier de réponse humaine à la planche 3, et pas de K.

Une seule bonne réponse humaine, mais qui est vue dans un détail et dont le mouvement est un Kp, et une réponse Hdep : « statue ».

Il y a 4 Kan dont l'une est un mouvement agressif : « 2 insectes qui se battent ».

La sensibilité est faible à la couleur : une réponse FC. Il n'y a pas de réponse estompage. Le type primaire de résonance intime est coarté. Le type secondaire est introversif, indiquant la présence de tensions internes.

4 réponses indiquent la dévitalisation : la réponse « statue » déjà citée, une réponse « squelette », 2 réponses analogues « animal coupé en deux », « animal plié en deux ».

Dans le deuxième protocole, un certain nombre de traits restent identiques : nombre de réponses, F %, nombre de banalités, kinesthésies. Mais le contenu est encore plus stéréotypé : A %, 95 %. Tout contenu humain a disparu. Il n'y a plus aucune réponse couleur. On trouve à trois reprises l'interprétation d'animal « ouvert en deux », et l'on sait que la vision de formes coupées, dissociées, fendues, a été retenue par Mme Minkowska comme un caractère essentiel du Rorschach des schizophrènes.

On note aussi des réponses « yeux » à deux reprises; correspondent-elles aux idées de persécution exprimées cliniquement ?

Le nombre de G est moins grand. Le type d'appréhension est équilibré : G, D, Dd.

Dans les troisième et quatrième protocoles il n'y a plus que 10 réponses, avec refus nombreux : 4 et 3, contenus encore plus pauvres, et formes plus mauvaises. Le F + % descend jusqu'à 20 %, il y a une seule réponse banale, et plus qu'une réponse kinesthésique (Kan). Le type d'appréhension ne comprend plus que des G et des D.

Les phrases sont laissées inachevées. Le protocole consiste surtout en remarques critiques et récriminations : « ça sert à rien », « c'est toujours pareil ».

II. COMPARAISON FACTEUR PAR FACTEUR DE CES PROTOCOLES ET RECHERCHE D'ÉVENTUELS CARACTÈRES DISCRIMINATIFS PAR RAPPORT AU PREMIER GROUPE

Le nombre de réponses

Il y a 10 à 21 réponses par protocole. Le nombre de réponses n'est jamais élevé. Seuls les deux premiers protocoles de Roselyne N... ont un nombre normal de réponses. Pour les 4 autres, le peu de réponses va de pair avec un nombre abondant de refus.

Mais nous avions également trouvé dans le premier groupe des protocoles avec peu de réponses et beaucoup de refus. Ceci ne peut donc pas différencier les deux groupes.

Les réponses globales G

Elles sont présentes dans tous les protocoles. En nombre normal dans 3 protocoles et élevé pour les 3 autres (plus de 50 %).

Le nombre élevé de G peut être lié à la persévération des parties appréhendées, phénomène déjà constaté dans le premier groupe.

Les réponses de grand détail D

Normales pour deux des protocoles. Elles sont en nombre un peu insuffisant dans 1 protocole et très insuffisant pour 6 protocoles; leur rareté répondant à l'abondance des G.

Les réponses de petit détail Dd

Elles ne sont présentes que dans deux protocoles et en nombre restreint.

Les réponses Do n'existent pas

L'intervention d'éléments autres que G et D dans le type d'appréhension est toujours très restreinte. Les différents types d'appréhension rencontrés sont, soit à prédominance de G, soit sans prédominance d'un élément sur un autre (types équilibrés).

Ainsi on ne retrouve pas les types rencontrés dans le premier groupe : type G pur, ou types à très forte prédominance des Dd ou des Dbl.

Parmi les éléments cités comme apparaissant souvent dans les protocoles de schizophrènes, figurent les G « syncrétiques ». Nous les avons trouvés dans le second protocole de Bernadette F..., mais non dans ceux du premier groupe.

La succession ne peut être appréciée soit que le nombre de réponses soit trop faible, soit qu'à un trop grand nombre de planches, il n'y ait que la localisation G.

Le pourcentage de bonnes formes se trouve compris entre 20 et 40 %.

La vision des formes est donc plus mauvaise que dans le premier groupe. Ce serait en faveur d'une perte de contact beaucoup plus grande avec la réalité commune que dans le premier groupe.

Les kinesthésies

Les grandes kinesthésies K sont absentes. Nous avions déjà trouvé cette absence de K dans le premier groupe.

Quant aux kinesthésies humaines, il y a seulement une kinesthésie partielle Kp dans le premier protocole de Roselyne N...

Les kinesthésies animales Kan. Il y en a 4 dans les deux premiers protocoles de Roselyne N... et 1 dans les deux autres protocoles. Aucune chez Bernadette F...

On trouve une *kinesthésie d'objet Kob* dans le premier protocole de Bernadette F...

On n'avait pas trouvé de Kob dans le premier groupe. Par rapport aux autres k elles représentent des tendances plus profondes et incompatibles avec la personnalité consciente.

Les réponses couleur

3 protocoles n'ont aucune réponse couleur (Roselyne N...); 2 protocoles ont une réponse FC ($\Sigma C = 0,5$).

Les réponses couleur sont rares, mais l'on retrouve pour 1 protocole la présence de valeur-couleur labile constatée dans le premier groupe.

Le type de résonance intime

Il est extratensif pour le second protocole de Bernadette F..., coarté et coartatif pour les 5 autres protocoles. Nous avions déjà trouvé ces 3 types dans le premier groupe.

Les estompages

On ne trouve aucune réponse estompage, à la différence du premier groupe.

Le type secondaire de résonance intime

Il est coarté ou coartatif pour 4 protocoles, introversif pour les deux premiers protocoles de Roselyne N...

Le pourcentage de réponses animales A %

Le A % est très élevé, compris entre 70 et 95 %. Tandis que dans le premier groupe il ne dépassait jamais 60 % et pouvait être très bas.

La pensée apparaît comme ayant perdu toute mobilité.

Le pourcentage de réponses humaines H %

2 seulement sont notées (10 %) dans le premier protocole de Roselyne N..., dont l'une est un Hdep. statue (pétrification du vivant).

On ne trouve pas la réponse humaine classique de la planche 3. Dans les autres protocoles il n'y en a aucune et l'on sait qu'une telle absence témoigne d'une perte de contact avec le monde bien plus profonde que lorsque le contenu humain subsiste, même sous forme de Hd ou Hdep. (comme dans le premier groupe).

Les réponses anatomie

Il y a une réponse anatomie dans 5 protocoles. Le sixième (second protocole de Bernadette F...) n'en a pas.

La réponse « squelette » qui apparaît 4 fois dans les 4 protocoles de Roselyne N... est considérée comme assez fréquente dans les protocoles de schizophrènes. Mais on l'avait déjà trouvée dans le premier groupe chez Christian M...

On voit que les réponses anatomiques ne sont abondantes ni dans un groupe ni dans l'autre.

Les réponses sang n'existent pas.

Phénomènes particuliers

Nous avons trouvé des remarques critiques sur les planches dans les deux derniers protocoles de Roselyne N...; dans les autres protocoles, ni remarques, ni description, ni attention prêtée à la symétrie.

La persévération dans les mêmes contenus chez les deux sujets et dans les parties appréhendées chez Roselyne N... est un phénomène que nous avions déjà trouvé dans le premier groupe.

Les réponses banales sont en nombre insuffisant dans tous les protocoles. Il en était de même dans le premier groupe.

En conclusion :

• Les caractères communs aux protocoles de nos deux sujets étaient les suivants :

— nombre de G qui ne descend jamais en dessous de la norme, et intervention toujours restreinte des éléments autres que G et D;

— F + % bas;

— absence des K et par conséquent pas de type de résonance intime introversif;

— ΣC faible, ne dépassant pas 1,5;

— absence de réponse estompage;

— A % élevé;

— persévération;

— peu de réponses banales.

• Quant aux caractères différenciant ces états préschizophréniques des états mélancoliques nous avons trouvé essentiellement :

— un F + % plus bas;

— un A % beaucoup plus élevé;

— l'absence ou la rareté des réponses H.

De plus, nous pouvons retenir pour les protocoles de Bernadette F..., les G syncrétiques, la présence d'un Kob et d'une réponse d'éclatement.

Et pour les protocoles de Roselyne N..., les réponses où apparaît la notion de coupure : « ouvert en 2 », « coupé en 2 ».

C) LE GROUPE DES ETATS DEPRESSIFS REACTIONNELS ET NEVROTIQUES

Il comprend 5 cas et totalise 7 protocoles que nous avons réunis en raison de traits communs assez manifestes : les différences sur le plan des psychogrammes nous sont apparues comme beaucoup moins tranchées que celles des tableaux cliniques.

I. PRESENTATION GENERALE

Un premier groupe : les protocoles de Jean-Marc A... (1), Jacques R... (1) et Jocelyne C... (2)

Ils sont regroupés en raison de leur très grande ressemblance, entre eux d'une part, avec le syndrome de Rorschach d'autre part. Si le nombre de réponses n'est jamais élevé (de 11 à 20), les refus sont rares. Seulement 2 refus qui se situent à la même planche : la planche 9, pour Jean-Marc A... et pour le premier protocole de Jocelyne C...

Le F + % est élevé, de 75 à 90 %. Ces F + sont pour la plupart des banalités : il y a de 5 à 7 banalités par protocole, ce nombre est élevé par rapport à celui des réponses; évalué en pourcentage, le Ban % s'établit entre 25 et 60 %.

Le A % est élevé mais sans atteindre des chiffres extrêmes : il s'établit entre 65 et 75 %.

L'absence totale de réponse couleur et une seule réponse K par protocole correspondent à une résonance intime coartative.

Tous ces traits sont *exactement ceux du syndrome de Rorschach*.

Ils attestent un contrôle rigide de la pensée, une autocritique si développée qu'elle étouffe toute possibilité d'expression personnelle sinon la plus évidente, et par conséquent la plus pauvre. La vie émotionnelle est elle aussi paralysée, il n'y a plus de contact spontané, c'est l'impossibilité d'aimer, de se réjouir, l'« apathie ».

La succession n'est pas appréciable car il n'y a souvent qu'une réponse par planche. Pour le type d'appréhension, on n'observe pas son déplacement du côté D.Do, et les G peuvent être en proportion normale, ce n'est jamais un élément prédominant à l'inverse des D. On ne trouve ni Do, ni Dbl, et les Dd sont toujours en nombre restreint.

Le type secondaire de résonance intime est lui aussi coartatif, confirmant le rétrécissement général de la personnalité, des intérêts vivants. Les réponses humaines sont en nombre normal, et les Hd ne sont pas plus nombreux que les H dans le protocole de Jacques R...

L'incertitude intérieure par rapport à l'interprétation se traduit par les expressions revenant constamment : « ça ressemble un peu », « on dirait vaguement ».

Nous avons dit que la planche 9 était refusée par deux sujets. Chez Jocelyne C... ce refus est précédé d'un choc à la planche 4, se traduisant par une légère exclamation à sa présentation, et un temps de latence. Ce phénomène décrit par Bohm sous le nom de *phénomène d'interférence 8* s'expliquerait ainsi : après le choc produit par les planches noires, l'apparition de la planche 8 apporte un soulagement et elle est interprétée normalement. Le choc couleur ne se produit alors qu'à la planche 9. Bohm y voit le signe d'une « constitution psychasthénique ».

Chez Jean-Marc A..., un choc au noir à la planche 6 est possible mais il est plus difficile à apprécier : Réponse originale précédée par un temps de latence : « un bûcher comme où on a mis Jeanne d'Arc », qui tranche avec les banalités précédentes.

Le protocole de Sylvie B...

Il a des éléments communs avec les protocoles précédents : F + % élevé, avec beaucoup de banalités. Mais la pensée est plus riche, moins stéréotypée : A % normal, contenu plus diversifié et vocabulaire plus riche.

Le type d'appréhension est à forte prédominance de G (56 %).

Absence de K mais 2 CF. L'affectivité n'est pas inhibée, contrairement aux protocoles précédents; la vie émotionnelle existe, mais instable, mal adaptée.

Il y a également des réponses estompage en nombre assez important : 3 FE, 1 E; deux d'entre elles sont les réponses « peau de bête » banales; les deux autres sont « une feuille morte » FE, « du papier calciné » E. Et enfin, on trouve à la première planche la réponse « masque ».

Ces réponses confirment la tonalité dysphorique et anxieuse de la vie émotionnelle.

Tout cela donne l'impression d'un sujet capable de jouer de sa dépression, d'en faire un spectacle. *Le fond dépressif déboucherait sur un comportement de type hystérique.*

Effectivement, son observation mentionne : crises de nerfs à forme hystérique, ainsi qu'une tentative de suicide « spectaculaire ».

Les deux protocoles de René G...

Ils sont bien différents du premier groupe de protocoles. D'abord de façon générale, dans le style, au lieu d'être une simple nomination de la chose vue à l'aide d'un pronom et d'un nom, la phrase est une longue description avec des subordonnées, des incises, le style est beaucoup plus expressif et vivant.

Tout est beaucoup plus abondant et varié.

Les réponses sont nombreuses : 39 et 45. Il n'y a pas de refus. Le F + % n'est pas élevé : 55 %. Il y a un nombre normal de banalités.

La façon dont sont construites et exprimées un certain nombre de réponses de ces protocoles s'est trouvé correspondre à des catégories décrites par J. Fusswerk dans son travail sur « La psychose maniaco-dépressive et le test de Rorschach »[1].

Les traits principaux qu'il a mis en évidence sont :

— Le centrage des réponses sur la relation d'expression, c'est-à-dire qu'elles dépeignent, à côté de la forme même, un climat, un monde auquel elle appartient.

Ainsi à la planche 2 : « des lapins étendus sur le côté, ils sont plutôt morts », et que les personnages sont dotés d'attitude.

A la planche 3 : « un gros singe qui est debout, les bras levés, la tête dressée, les oreilles pendantes ».

Les détails de cette description sont précis et les adjectifs très évocateurs.

— Les kinesthésies sont nombreuses, donnant souvent aux réponses un caractère scénique; les mouvements y sont plutôt décrits que vécus, et c'est pourquoi leur valeur kinesthésique semble secondaire.

Dans le premier protocole, il y a une K et 6 k; dans le second, 3 K et 4 k.

[1] Annales médico-psychologiques, juillet 1953.

Nous avons rencontré les kinesthésies scéniques surtout aux planches 4 et 10, dans des petites parties de la tache.

Ainsi, planche 9 : « un arbre avec un Monsieur en train de couper la branche »; planche 10 : « un fauteuil avec un bonhomme assis qui tend son bras ».

Souvent le personnage est aperçu d'abord et l'élément kinesthésique n'est ajouté qu'ensuite; ainsi, à la planche 1 : « un fantôme, avec des buissons, il se cache, il a le bras tendu ».

La différence des nuances est souvent à la base de cette formation des réponses expressives; ainsi la réponse à la planche 6 : « un oiseau qui a été plumé ».

Il y a 3 réponses FE par protocole.

Dans le style de perception, la vision s'étale d'un détail à l'autre qu'il côtoie, englobe les autres détails par voisinage ou par contiguïté et arrive de cette façon à former des ensembles. Il s'agit moins du « mécanisme du lien » que du besoin de s'étaler sur toute la planche, c'est le « mécanisme de continuité ».

Nous avons trouvé ce mécanisme à plusieurs reprises : différentes parties de l'image étant réunies de façon superficielle par des rapports spatiaux. Planche 6 : « un pré avec un canard qui est dessus » G; planche 9 : « un morceau de bois piqué dans l'herbe comme une croix, recouvert d'un manteau ou de neige » G.

La dissimulation intervient à plusieurs reprises : « caché derrière », 1 fois dans le premier protocole, 2 fois dans le second.

Les réponses couleur ne jouent pas de rôle important. Dans le premier protocole, aucune réponse couleur; dans le second, 1 FC ($\Sigma C = 0,5$). Le type primaire de résonance intime est coartatif dans le premier protocole (il y a trois kinesthésies humaines, mais deux sont des petites kinesthésies : 1 Kp, 1 Krep).

Il est introversif dans le second : $\dfrac{3}{0,5}$ alors que le type secondaire est introversif dans les deux protocoles $\left(\dfrac{6}{1,5}\ ;\ \dfrac{4}{2,5}\right)$

Dans le premier protocole, il n'y a que des G et des D; les G sont l'élément prédominant. Dans le second protocole, le nombre de G diminue, les Dd apparaissent, il y a déplacement du type d'appréhension du côté D.Dd. En même temps, le nombre de banalités diminue, et l'on trouve des réponses évocatrices d'insécurité, par leur aspect informel : 4 réponses rocher, 1 réponse monstre, par l'accentuation de la symétrie à trois reprises.

II. COMPARAISON DE CES PROTOCOLES FACTEUR PAR FACTEUR

Le nombre de réponses n'est élevé que pour les protocoles de René G... : 39 et 45.

Jamais plus d'un refus, ceci pour deux protocoles seulement.

Les réponses globales G présentes dans tous les protocoles prédominent dans 2 protocoles : celui de Sylvie B... et le premier de René G...

Dans les autres elles sont en nombre normal ou faible.

Les réponses de grand détail D ne sont en nombre insuffisant que dans le protocole de Sylvie B...

Les réponses de petit détail Dd présentes dans 4 protocoles, mais toujours avec un pourcentage inférieur à 10 %.

Les réponses Dbl et Do sont absentes.

La qualité de l'appréhension est différente : surtout structurale pour le premier groupe, parfois impressionniste et expressive chez Sylvie B..., souvent syncrétique chez René G...

L'intervention d'éléments autres que G et D est toujours très restreinte. Les différents types d'appréhension rencontrés sont soit à prédominance de G, soit à prédominance de D, soit avec équilibre des G et des D.

La différence entre les deux groupes des états endogènes est dans la prédominance que peuvent avoir les D, et dans l'intervention restreinte ou l'absence d'intervention des autres éléments : Dd, Dbl, Do; pas non plus de type G pur.

La succession n'est appréciable que dans les protocoles de René G... Elle y est relâchée.

Le pourcentage de bonne forme se trouve compris entre 55 et 90 %.

Nous avons vu qu'il était élevé pour le premier groupe et Sylvie B... (75-90 %), plus bas dans les deux protocoles de René G...

Dans les groupes des états endogènes, il n'y avait aucun protocole à F + % élevé et les F + % très bas que l'on y avait observés ne se retrouvent pas ici.

Les kinesthésies

Seul le protocole de Sylvie B... n'a pas de réponse K. Les 4 protocoles du premier groupe ont un K, ainsi que le premier protocole de René G... Son deuxième protocole a 3 K.

Sur ce point, seul René G... se distingue du groupe des états dépressifs endogènes. Ses mouvements sont des mouvements d'extension dynamiques, ainsi : planche 3 : « 2 personnes qui se donnent la main et qui tournent », planche 5 : « 2 personnes en train de lever les bras »,

Tandis que les mouvements du premier groupe de « réactionnels » indiquent une attitude courbée en flexion : Jocelyne C..., planche 3 : « ça ressemble à des hommes qui se baissent »; Jacques R..., planche 3 : « ça pourrait être des hommes qui portent une boîte à couture ».

Ou bien une attitude peu active, celle du regard : Jean-Marc A..., planche 7 : « deux petites filles qui ont la queue de cheval en l'air et qui se regardent ».

D'autres kinesthésies humaines ne se trouvent que dans les protocoles de René G... : 1 Krep et 1 kp dans le 1er protocole, 3 kp dans le deuxième. Ce sont des kinesthésies *scéniques,* nous en avons donné des exemples précédemment.

Les kinesthésies animales sont nombreuses dans le premier protocole de René G... (4); il n'y en a plus qu'une dans le deuxième. On en trouve aussi dans les protocoles de Jean-Marc A... (2) et de Sylvie B... (1). Les trois autres protocoles qui appartiennent au premier groupe en sont dépourvus.

Il n'y a aucune Kob.

Au total, trois protocoles n'ont aucune k (Jocelyne C... et Jacques R...), deux protocoles n'ont que des Kan, 1 et 2 (Sylvie B... et Jean-Marc A...) et les deux protocoles de René G... ont 6 et 4 k qui sont des Kan et des Kp.

Tout ce que l'on peut noter c'est une certaine ressemblance pour les k de René G... avec Christian M...

Les réponses couleur

Les quatre protocoles du premier groupe et le premier protocole de René G... n'ont aucune réponse couleur. Le deuxième protocole de René G... a une réponse FC ($\Sigma C = 0,5$). La vie affective est enchaînée, paralysée. Le protocole de Sylvie B... est différent avec ses deux réponses CF ($\Sigma C = 1$) témoignant de la labilité émotionnelle.

La différence avec les deux groupes « psychotiques » de nos deux premières séries est qu'aucun protocole n'a de réponse C pure.

Le type de résonance intime

Les quatre protocoles du premier groupe et le premier protocole de René G... sont coartatifs $\left(\dfrac{K}{C} = \dfrac{1}{0} \text{ et } \dfrac{1}{0,5}\right)$

Le protocole de Sylvie B... est extratensif pur : $\left(\dfrac{K}{C} = \dfrac{0}{2}\right)$

Le second protocole de René G... est introversif : $\left(\dfrac{K}{C} = \dfrac{4}{0,5}\right)$

Nous voyons apparaître là pour la première fois un protocole à type de résonance introversif.

Dans son « Psychodiagnostic », Rorschach avait considéré qu'un certain nombre de dépressions « psychogènes » se différenciaient justement des dépressions endogènes par la conservation des K.

Les estompages

Les quatre protocoles du premier groupe ont au plus une réponse FE, qui est la réponse banale « peau de bête ».

Les deux protocoles de René G... et le protocole de Sylvie B... ont plusieurs réponses estompage ΣE compris entre 1,5 et 2,5.

A part les réponses banales de peau, il y a 3 réponses à tonalité dysphorique : « feuille morte », « papier calciné » pour Sylvie B...; « des lapins étendus sur le côté, ils sont plutôt morts » pour René G..., et des réponses de paysage chez ce dernier : « buissons », « pré », « herbe ». Dans le groupe des mélancoliques, un ΣE relativement important n'existait que chez Christian M...

Le type secondaire de résonance intime est coarté ou coartatif pour deux sujets du premier groupe : Jocelyne C... et Jacques R...

Pour René G..., Sylvie B... et Jean-Marc A..., la formule est de même sens que celle du type primaire de résonance intime et plus dilatée, signe généralement considéré comme de fixation régressive ou de refoulement.

Le pourcentage de réponses animales

Pour tout le groupe le A % est compris entre 44 et 75 %, donc dans une relative moyenne. Ni pourcentage excessivement bas comme dans le groupe des états mélancoliques ni excessivement haut comme dans le groupe des états préschizophréniques.

Le pourcentage de réponses humaines

Présence de réponses humaines dans tous les protocoles et en pourcentage normal, compris entre 10 et 20 %.

Dans un seul protocole, celui de Jacques R..., les réponses Hd et Hdep sont plus nombreuses que les H.

Quatre protocoles ont une réponse Hdep, il s'agit deux fois de mains (humains grotesques), 1 fois de fantôme (catégorie des personnages mythologiques) et 1 fois de statue (pétrification).

Au total, les relations avec le monde humain paraissent nettement moins perturbées que chez les « psychotiques » de nos premières séries.

Les réponses « anatomie »

Une réponse « anatomie » dans le protocole de Sylvie B..., « cerveau », et une réponse plus particulière dans le second protocole de René G...; planche 6 : « la moitié d'un animal coupé par le milieu, on voit l'intérieur du corps ».

Pas de réponses anatomiques dans les autres protocoles.

Les réponses « sang » n'existent pas, alors que deux protocoles des « états dépressifs endogènes » en comportaient.

Phénomènes particuliers

Pas de remarques critiques sur les planches et une fois une réponse descriptive : « deux taches d'encre » chez Sylvie B... et une référence personnelle.

Il y a deux remarques directes sur la symétrie chez Sylvie B... et trois fois des remarques mettent l'accent sur la symétrie dans le deuxième protocole de René G... : « pareil de l'autre côté ».

Nous avons vu que l'on retrouvait une fois chez René G... le thème évident chez Roselyne N... de l'animal coupé par le milieu, et évocateur de la « coupure » disions-nous (schizein).

Les réponses banales en nombre insuffisant dans le seul deuxième protocole de René G... sont en nombre élevé pour tous les protocoles du premier groupe, à la différence du groupe des états endogènes.

En conclusion : là non plus, il ne peut être question de parler d'un Rorschach typique, mais on peut retenir comme caractères communs les points suivants :

— Les éléments du type d'appréhension sont principalement G et D.

— Les autres facteurs interviennent rarement, toujours en proportion faible.

— Le F + % ne descend pas en dessous de 55 %.

— Il n'y a aucune réponse C pure.

— Le A % n'est jamais en dessous de la norme.

Nous avions, dès le départ, isolé un sous-groupe aux caractères très semblables à ceux que Rorschach avait décrits pour la « variation dépressive endogène de l'humeur ». Or il s'agit ici au contraire d'*états réactionnels ou psychogènes*. Bohm remarque à ce sujet que le syndrome classique de Rorschach sous sa forme pure, ou presque tout à fait pure, ne s'observera que dans la véritable psychose maniaco-dépressive et aussi, fait curieux, dans les dépressions presque uniquement exogènes, en particulier dans le deuil.

Il explique ceci en se référant au travail de Freud « Deuil et mélancolie ». Freud y montre la similitude des mécanismes psychiques mis en jeu dans le deuil et la mélancolie. La perte réelle d'un objet dans le deuil, la perte inconsciente d'un objet, dans la mélancolie, entraînent le moi dans un travail de détachement de cet objet, travail qui absorbe complètement le moi, les conséquences de cette absorption du moi étant l'inhibition générale et la perte de tout intérêt.

Et précisément, cette notion de « dépression presque purement exogène » permet de rendre compte de l'hétérogénéité des protocoles de

Sylvie B... et René G... par rapport à ceux de Jacques R..., Jocelyne C... et Jean-Marc A...

En effet, les premiers ont été rangés sur le vu de leur sémiologie clinique dans les états dépressifs névrotiques, alors que les seconds étaient considérés comme uniquement réactionnels.

Il nous a semblé aussi qu'à l'intérieur de ces états dépressifs réactionnels non névrotiques, on pouvait faire quelques distinctions entre les Rorschach, correspondant à des différenciations cliniquement établies entre ce qui apparaissait comme le plus exogène et ce qui pouvait déjà faire évoquer une certaine perturbation globale du moi. Le cas de Jacques R... paraît être celui qui se rapproche le plus d'une dépression en quelque sorte « normale ». La transplantation est une situation vitale réellement difficile pour tous. Survenant à l'adolescence, elle peut se charger de la valeur symbolique d'une perte de l'enfance.

On remarque que, parmi ceux des trois sujets, son protocole est celui qui a le plus grand nombre de réponses, le A % le moins élevé, et qu'il est le seul à avoir un RC % normal.

Pour Jocelyne C... il a été souligné dans la présentation de son cas que certains éléments pouvaient faire évoquer une structure du moi globalement perturbée. Nous avons trouvé dans son Rorschach le *phénomène d'interférence,* qui, pour Bohm, est le signe majeur d'une constitution psychasthénique.

III. DIFFERENCE ENTRE LES PSYCHOGRAMMES DES DEPRESSIONS ENDOGENES ET CEUX DES DEPRESSIONS REACTIONNELLES

La différence essentielle apparaît dans le pourcentage des *bonnes formes* (cela ne jouant pas pour René G...).

L'inhibition des moments introversifs que l'on constate dans les deux groupes prend de fait des significations différentes.

En effet, dans le groupe des dépressions endogènes, le rapport direct entre le $F + \%$ et les K est conservé. C'est en même temps que sont affaiblies la capacité de création intérieure et l'acuité de la vision des formes. Rorschach parle en ce cas d'un affaiblissement de la « fonction logique ». L'affectivité, lorsqu'elle s'exprime alors, n'est plus réglée par une domination suffisante de la fonction logique; ceci est bien en concordance avec les valeurs couleur labiles que nous avons trouvées.

Des résultats de ce genre, Rorschach les avait trouvés, entre autres, dans l'hébéphrénie. Ce qui est étonnant, c'est que nous les trouvions ici également pour le groupe des états « mélancoliques ».

Rorschach posait comme proposition fondamentale que la « proportion normale (meilleures sont les formes, plus il y a de K) est partout inversée, transformée dans son contraire, dès que des variations d'humeur interviennent ».

Ceci, nous le trouvons donc réalisé dans les états « réactionnels ». C'est le primat de la discipline logique, du contrôle conscient des opérations associatives, qui, en améliorant la précision des formes, *inhibe la capacité de création intérieure*. Normalement le processus va aussi de pair avec une réduction des « moments extratensifs », une stabilisation extrême de l'affectivité.

Fait exception le protocole de Sylvie B... où il y a contradiction entre le F + % élevé et le type de résonance intime extratensif égocentrique. Mais dans ce cas précis interfèrent sûrement les traits hystériques que présentait cette adolescente.

Les autres différences portent :
— sur le nombre de refus : il n'y a pas chez les réactionnels de protocoles avec plusieurs refus, comme on a trouvé dans les dépressions endogènes;
— sur le type d'appréhension, jamais de prédominance d'éléments autres que G et D;
— sur le A % qui n'atteint jamais des valeurs extrêmes dans un sens ou dans l'autre;
— sur les réponses humaines qui sont toujours présentes;
— sur l'absence de réponse sang;
— sur le nombre normal ou élevé de réponses banales;
— sur l'absence de phénomènes de persévération.

Quant à René G..., son second protocole se distingue de tous les autres par son type de résonance intime introversif $\left(\dfrac{4}{0,5}\right)$

D) LE GROUPE DES « CAS MIXTES » DIFFICILEMENT CLASSABLES

Groupement hétérogène par définition puisque y ont pris place tous ceux qui n'avaient pu être répartis dans les groupes précédents, il comprend 6 sujets et totalise 10 protocoles.

I. PRESENTATION GENERALE

Les 4 protocoles de Georges H...

Le premier et le troisième protocoles ont un nombre de réponses extrêmement bas : 9 et 6, avec 4 et 5 refus. Ils correspondent à deux moments où les troubles du comportement sont particulièrement intenses.

Le second et le quatrième protocoles ont un nombre de réponses normal et 1 refus pour le deuxième.

Pour les 4 protocoles, le $F+\%$ est élevé : de 73 à 90 %.

Les seules localisations sont G et D avec prédominance des G, sauf dans le troisième protocole.

Dans le premier protocole, il y a une kinesthésie K, pas de k, et une réponse couleur à la planche 2 qui est un C pur : « du sang qui coule »; sa valeur agressive étant encore accentuée par la kinesthésie d'objet qui lui est secondaire. A la planche 9 il y a une remarque suscitée par la couleur : « c'est artistique, des taches de couleur ».

Le type de résonance intime est extratensif.

La réponse C est une partie de la réponse complète à la planche 2, que nous avons dissociée : « 2 bêtes mortes à la chasse, avec du sang qui coule », une réponse expressive évoquant à propos de la forme un certain contexte dépressif et agressif.

La kinesthésie trouvée à la planche 4 : « géant sans tête, derrière un arbre où il s'appuie », est une kinesthésie de caractère secondaire. De plus, deux parties de la planche sont liées de façon superficielle par le mécanisme de continuité. On retrouve ici des caractères qui étaient apparus dans les 4 protocoles de René G...

Le A % est normal.

Il y a trois réponses banales.

Dans le deuxième protocole où le nombre de réponses est normal, la kinesthésie est cette fois la kinesthésie primaire de la planche 3. Il y a une réponse C pure et deux remarques sur la couleur. Le type de résonance intime est encore extratensif.

Le A % est plus élevé.

Dans le troisième protocole, où il n'y a que six réponses, ce sont uniquement des réponses formelles d'animaux.

A % = 100 % et coartation complète.

Dans le quatrième protocole, plus de K. Les réponses couleur sont plus abondantes : 2 CF + 1 C, et toujours labiles.

Il y a trois réponses anatomiques, ce qui fait un pourcentage de 15 %. Les réponses humaines ne sont représentées que par l'unique réponse « squelette ».

Le protocole d'Yvan M...

Réponses nombreuses; beaucoup de G (16,42 %), dans 5 de ces G le blanc est intégré, ce sont soit des GDbl, soit Dbl/G.

Avec encore une réponse Dbl, cela fait au total 16 % des réponses où le blanc entre en jeu. Il s'agit par deux fois de « baie » aux planches 7 et 9 qui ont la signification générale de planche maternelle. A la planche 10, une réponse évoquant les fonds sous-marins a la même valeur de perturbation des rapports avec l'image maternelle, de la recherche régressive d'un refuge telles que nous les avions trouvées chez Yves C... et Christian M...

Autre signe d'insécurité, la tendance aux interprétations axiales dans 14 % des réponses et le très grand nombre de réponses estompage : ΣE = 6, 5 FE, 2 EF, 1 E.

De façon générale, un désir de dépendance et de régression infantile. Les kinesthésies sont abondantes : 4 K, 2 Kp, 1 Kan. On retrouve à leur propos les caractères évoqués pour René G...

Ce sont des kinesthésies plutôt secondaires et leur aspect *scénique* est très marqué. Scènes originales, qui peuvent être d'une grande richesse, en combinant dans une seule réponse plusieurs déterminantes.

Ainsi la réponse à la planche 10 : « les fonds marins, un homme qui descend au fond de l'eau, il a un produit dans les doigts qui fait un panache ». Y interviennent les déterminants K, CF et Kob.

Les réponses sont pour la plupart expressives, avec de nombreux détails et une description très vivante des attitudes.

Ainsi par exemple la réponse à la planche 4 : « on pourrait voir aussi un homme terrifiant avec un manteau d'ours avec les pieds qui est penché en avant ».

Il n'y a pas d'interprétation couleur, mais une remarque sur les couleurs à la planche 10 : « il y a de plus en plus de couleurs ».

Le type de résonance intime est introversif pur $\left(\dfrac{K}{C} = \dfrac{4}{0}\right)$

La formule secondaire est, elle, de sens contraire $\left(\dfrac{k}{E} = \dfrac{3}{6}\right)$
marquant l'existence d'un conflit intérieur.

Deux réponses sont à thème agressif ou sexuel de pénétration.

Planche 5 : « un Indien avec des épées qui le traversent, les bras en l'air accroupi » (réponse scénique, description très expressive des attitudes).

Planche 9 : « ça pourrait être une baie avec les continents, et un bateau qui arrive et qui rentre » (réponse scénique).

Les deux protocoles de Roger B...

Le nombre de réponses est normal.

Dans le premier protocole, ce qui frappe c'est le caractère fabulatoire des réponses.

On retrouve, comme dans le protocole d'Yvan M..., les nombreuses kinesthésies (2 K, 5 Kan), d'ailleurs secondaires, l'expressivité des réponses.

Les réponses à la planche 9 illustrent parfaitement le mécanisme qui consiste à englober les différentes interprétations dans une même histoire : « un homme avec des moustaches, il tient une épée », « c'est des cornes, ça, c'est peut-être des bêtes qui se battent entre elles », « l'homme avec l'épée essaie de tuer les bêtes peut-être ».

Les kinesthésies pures sont à plusieurs reprises agressives.

Les réponses couleur sont assez nombreuses et uniquement labiles : 2 CF, 1 C. Le type de résonance intime est extratensif $\left(\dfrac{K}{C} = \dfrac{2}{3,5}\right)$

La formule secondaire est, elle, introversive $\left(\dfrac{k}{E} = \dfrac{5}{1}\right)$

Le F + % est médiocre (50 %).

Il y a un nombre normal de banalités.

Le deuxième protocole correspond à une amélioration du comportement.

L'aspect fabulatoire des réponses a complètement disparu. Le F + % a augmenté : 65 %.

Les valeurs couleur sont devenues stables : 2 FC.

Le nombre de kinesthésies a diminué : plus de K, mais 1 Krep et 1 Kan.

L'amélioration s'est traduite par une coartation des deux types de résonance intime.

Le nombre de banalités reste identique.

Le protocole de Bernard G...

D'une extrême pauvreté, il comporte 17 réponses, et uniquement des formes, appréhendées sur un mode structural. Le contenu est uniquement animal. A % = 100 % et il s'agit toujours des mêmes animaux : chauve-souris, crabe, hanneton.

Il y a seulement deux réponses banales.

Donc, coartation totale, stéréotypie animal absolue, mauvaise vision des formes.

Le protocole de Christian D...

Nombre normal de réponses, uniquement G et D, mais avec un très grand nombre de réponses humaines représentant 45 % du nombre total. Toutes les autres réponses sont des animaux, il n'y a que deux contenus.

L'abondance des réponses H évoque des préoccupations de type névrotique à l'égard de l'entourage humain.

Avec 2 K et aucune réponse couleur, le type de résonance intime est introversif pur.

L'un des K est agressif : planche 3 : « deux personnages qui s'affrontent ».

Aucune kinesthésie secondaire, aucun estompage : la formule secondaire est donc coartée.

Le protocole de Jacky H...

Réponses peu abondantes (17), pauvres, car l'appréhension est uniquement srtucturale.

On retrouve comme précédemment un nombre assez important de réponses humaines : 28 %. Mais elles ne sont jamais kinesthésiques : 0 K, il n'y a pas non plus de k.

Plusieurs réponses couleur en majorité à valeur labile. Type de résonance intime extratensif pur.

On trouve par deux fois dans son protocole le phénomène de l'interprétation inverse, c'est-à-dire que la réponse est donnée comme si la planche avait été retournée. Ce mode de réponse ne se rencontre en principe que chez les jeunes enfants.

II. COMPARAISON DES PROTOCOLES ENTRE EUX ET AVEC CEUX DES AUTRES GROUPES

Le nombre de réponses

Il y a de 6 à 37 réponses par protocole; donc toujours une assez grande dispersion numérique. Les trois protocoles les plus pauvres appartiennent tous au même sujet, Georges H..., ils sont les seuls à présenter des refus.

Nous avions trouvé dans les états endogènes cette alliance des refus et du nombre très faible de réponses. Dans ces cas, l'amélioration clinique allait de pair avec un accroissement de réponses.

Mais si l'on considère l'ensemble des sujets, le nombre de réponses apparaît comme essentiellement variable et ne peut donc sans doute être retenu.

Les réponses globales sont présentes dans tous les protocoles; en nombre insuffisant dans les deux protocoles de Roger B... et dans le troisième de Georges H..., en nombre normal ou un peu élevé dans tous les autres mais sans jamais dépasser 45 % des réponses. Elles n'atteignent jamais de valeurs extrêmes.

Les réponses de grand détail D sont en nombre insuffisant pour trois protocoles, normal pour trois autres, élevé pour les trois derniers.

Donc dispersion du groupe.

Les réponses de petit détail Dd sont présentes dans 4 protocoles mais jamais en valeurs élevées.

Les réponses Do n'existent pas.

Les réponses Dbl. On en trouve dans le protocole de Jacky H... et dans celui de Yvan M... Dans ce dernier, à côté d'une réponse Dbl on trouve 3 GDbl et 2 Dbl/G, ce qui fait un pourcentage total de 16 %.

Le pourcentage de bonnes formes est compris entre 36 et 90 %, recouvrant ainsi les 3 zones définies par les trois groupes précédents.

Yvan M... se situe, avec 36 %, dans la zone très basse qui était celle des états préschizophrènes, mais son protocole par ailleurs en diffère complètement.

Georges H... se situe dans la zone élevée qui était celle des états réactionnels.

Les autres se situent dans une zone intermédiaire commune aux états réactionnels (névrotiques) et aux états mélancoliques.

Les kinesthésies

Les grandes kinesthésies K. Cinq protocoles sont dépourvus de K : 2 protocoles de Georges H..., ceux de Bernard G..., Jacky H... et le deuxième protocole de Roger B... Les premier et second protocoles de Georges H... ont 1 K. Là, les résultats sont semblables à ceux des groupes précédents. Mais il y a trois protocoles qui ont plusieurs réponses K : ceux de Christian D... et Roger B... en ont 2; celui de Yvan M... a 4 K.

Nous n'avions trouvé dans les groupes précédents que le protocole de René G... (classé névrotique) qui avait plusieurs K : 4.

Chez ces 4 sujets, nous avons vu qu'un certain nombre de ces mouvements étaient en extension, voire même agressifs.

Pour Roger B..., Yvan M... et René G..., nous avions même constaté des ressemblances assez grandes dans le caractère des réponses et la façon de les construire : expressivité, descriptions d'attitude, kinesthésies à caractère secondaire et scénique, mécanisme de continuité.

Quant aux kinesthésies humaines, nous trouvons 1 Krep dans le second protocole de Roger B..., qui a remplacé la réponse K à la planche 3 du premier protocole : « des marionnettes sur un théâtre; elles jouent », et 2 kp dans le protocole d'Yvan M... qui ont un caractère scénique.

Les Kan. Il y a en a dans les protocoles de Roger B... (5 et 1) et dans celui de Yvan M... (1), aucune dans les autres protocoles. Il n'y a pas de réponse Kob.

Bohm rappelle dans son Traité que plusieurs publications reprennent une observation de Rorschach sur la dépression psychogène, considérant la présence d'une ou plusieurs K comme un moyen de diagnostic essentiel entre dépressions psychogènes et endogènes. Lui-même ne considère cette opinion valable que dans quelques cas seulement. C'est exactement ce qui apparaît ici : nous n'avons effectivement trouvé de protocoles avec plusieurs K que dans les deux derniers groupes de dépressions que l'on peut bien appeler « psychogènes ». Mais ces groupes comportent également des protocoles avec 1 K seulement ou aucune.

Les réponses couleur

Nous retrouvons des résultats semblables à ceux des groupes précédents, à savoir qu'un certain nombre de protocoles (3) n'ont aucune réponse couleur; que dans 6 autres protocoles, dont le ΣE est compris entre 1 et 3,5, ce sont les valeurs couleur labiles qui prédominent. En particulier, pour 5 d'entre eux il y a une réponse C pure. Seul le second protocole de Roger B... n'a que des réponses FC, mais peu nombreuses : 2 (ΣC = 1).

Le type de résonance intime

On observe toutes les combinaisons possibles :
— 2 protocoles sont coartés (Bernard G..., 3e Georges H...);
— 1 protocole est coartatif (2e Roger B...);
— 2 protocoles sont extratensifs purs, celui de Jacky H... $\left(\dfrac{K}{C} = \dfrac{0}{3}\right)$ et le 4e protocole de Georges H... $\left(\dfrac{K}{C} = \dfrac{0}{3,5}\right)$;
— 3 protocoles sont extratensifs avec mouvements (1er Roger B..., 1er et 2e Georges H...);

— 2 protocoles sont introversifs : celui de Christian D... est introversif pur $\left(\dfrac{K}{C}=\dfrac{2}{0}\right)$; celui de Yvan M... introversif avec couleur $\left(\dfrac{K}{C}=\dfrac{4}{1}\right)$

Ce qui est à retenir par rapport aux groupes des dépressions endogènes, c'est l'apparition de l'introversivité dans certains cas.

Les réponses estompage

Elles ne sont nombreuses que dans le protocole d'Yvan M..., où l'on trouve 5 FE, 2 EF et 1 E ($\Sigma E = 6$).

Dans 5 protocoles les estompages n'interviennent que sous la forme d'une à deux réponses FE.

Et dans 4 protocoles (dont les 3 qui n'avaient pas de réponse couleur) il n'y a aucune réponse estompage.

Dans les autres groupes deux sujets seulement avaient un ΣE élevé : Christian M... chez les mélancoliques, Sylvie B... chez les réactionnels névrotiques. Il n'y a donc aucune possibilité de différencier les groupes.

Le type secondaire de résonance intime

Là où il n'est pas coarté ou coartatif, sa formule est inverse de la formule primaire.

Chez Yvan M..., introversif, la formule secondaire est extratensive $\left(\dfrac{k}{E}=\dfrac{3}{6}\right)$

Chez plusieurs sujets : Georges H..., Yvan M..., Roger B..., nous avons trouvé des réponses à caractère agressif, où il était question de tuer, de mort, de sang, d'épée. Ceci concorde avec les troubles névrotiques graves trouvés chez eux, puisque volontiers les névroses débouchent sur un renforcement de l'agressivité.

En conclusion

Les psychogrammes de ce groupe ne possèdent pas plus d'homogénéité que la clinique ne permettait d'en dégager. Mais l'élément nouveau par rapport aux groupes des états endogènes et des états réactionnels purs, c'est la présence de *plusieurs K* dans certains protocoles, et d'un *type de résonance intime introversif*.

C'est également la présence chez deux sujets d'un pourcentage élevé de réponses humaines.

Il nous a semblé que deux sujets de ce groupe : Roger B... et Yvan M..., et un sujet classé dans les états dépressifs, « névrotiques », René G..., présentaient un mode de construction et de formulation des réponses assez semblables, incitant à les regrouper. Fusswerck avait décrit ce mode de perception comme caractéristique des états maniaques chez les adultes. Nous ne pouvons retenir ici le terme « maniaque », évocateur d'un cadre nosologique bien précis, mais on peut parler d'un pouvoir imaginatif accru, d'une puissance de moments combinatoires qui contrastent fortement avec la platitude d'un certain nombre de nos protocoles.

Cliniquement, René G... est signalé comme se plaisant à jouer des rôles et à inventer des histoires, tandis qu'Yvan M... extériorise des idées projectives, notamment de persécution.

Pour les trois sujets, l'attitude sexuelle paraît marquée par la passivité :

— allure féminine (contamination sexuelle par un jeune voisin);

— tendance au transvestisme chez René G... (ami unique d'Yvan M... auquel il s'identifie fortement);

— anorexie de Roger B... qui est une manifestation typiquement féminine, et le diagnostic évoqué à son sujet de « perturbations dans l'évolution pubertaire masculine ».

A propos de ces trois cas, ont pu être évoqués des troubles névrotiques comme nous l'avons déjà longuement décrit.

Chez Roger B..., extratensif, la formule secondaire est introversive $\left(\dfrac{k}{E} = \dfrac{5}{1}\right)$

Et de même dans le quatrième protocole de Georges H...

Nous avions trouvé cette inversion des deux formules une fois, dans le troisième protocole de Gérald C... On la considère comme le signe d'une situation conflictuelle.

Le pourcentage de réponses animales A %

Il est compris entre 23 et 100 %. La variabilité est donc extrême. Les deux protocoles qui ont 100 % de réponses animales appartiennent à Bernard G... et Georges H... Nous n'avions trouvé dans aucun des groupes précédents cette exclusivité de réponses animales.

Comme le F + %, le A % participe des différentes zones définies par les groupes précédents.

Le pourcentage de réponses humaines H %

Là encore on trouve des résultats extrêmement diversifiés, allant de l'absence complète à des pourcentages très élevés.

Ces pourcentages élevés, 45 % pour Christian D... et 28 % pour Jacky H..., sont rencontrés ici pour la première fois. Ils nous ont semblé marquer des perturbations de type névrotique, dans la relation avec l'entourage, très différents de la perte de contact ou de la mise à distance rencontrées jusqu'ici. Dans les 3 protocoles qui ont un H % normal, on trouve quelques réponses Hdep ressemblant à celles des autres groupes : diable, marionnettes.

Les réponses anatomie

Existent dans 4 protocoles avec, dans un cas, un pourcentage un peu important : 15 % d'anatomie dans le quatrième protocole de Georges H...

C'est le premier protocole que nous trouvions où le pourcentage d'anatomie dépasse la moyenne.

Réponse sang

Une seule existe dans le premier protocole de Georges H...

Phénomènes particuliers

Pas de remarques personnelles. Chez Georges H... et chez Yvan M... on trouve une à deux remarques sur les couleurs, avec, pour Yvan M... seulement, une remarque descriptive et une mention de la symétrie.

CHAPITRE 4

**ORIENTATIONS CONCOURANTES DE LA CLINIQUE
ET DU PSYCHOGRAMME DE RORSCHACH
APPORT DES DONNEES PSYCHANALYTIQUES
(DE FREUD A M. KLEIN)**

Nous avons pu voir au cours de cette étude qu'il n'était en aucun cas possible d'isoler une sorte de protocole type du Rorschach chez l'enfant « dépressif ». Au contraire, il est apparu que les psychogrammes présentaient une très grande diversité. Cependant, à l'intérieur de chaque catégorie définie selon des critères cliniques, nous avons pu noter un certain nombre de points communs, et entre les catégories quelques facteurs différentiels.

Mais ceci ne pourrait suffire à formuler un diagnostic.

En fait, l'intérêt du Rorschach semble être surtout de contribuer à éclairer le *vécu* de nos sujets. L'épisode dépressif évoluant à partir de structures mentales qui ne sont pas semblables, les façons de vivre cette dépression seront effectivement aussi dissemblables. Par exemple, les réactions proprement anxieuses dans le test, marquées par les estompages, ne sont apparues que chez quelques sujets : d'une part chez une adolescente dépressive mais à comportement manifestement hystérique, et d'autre part chez des sujets qui fuyaient dans l'imaginaire, mais jamais chez ceux où primait l'inhibition, l'impuissance à penser. Certes, il ne faut pas perdre de vue qu'il s'est agi ici d'enfants et d'adolescents et que ce fait introduit encore un facteur d'incertitude dans les résultats. Ce n'est pas une découverte que de souligner en passant que des *adolescents dont les psychogrammes semblaient catastrophiques avaient une évolution tout à fait normale, après une phase clinique de crise quelquefois de plusieurs années.*

Il n'en reste pas moins que cette étude « clinico-rorscharchienne » poursuivie par l'une d'entre nous pour une part à l'aveugle, c'est-à-dire indépendamment de toute référence clinique dans l'étude et le classement de psychogrammes établis par d'autres, a révélé une *coïncidence au moins digne d'attention entre ces éléments et la nosologie* de cas dont la majorité a pu bénéficier d'une longue observation.

Ceci est un nouvel argument, s'il en était besoin, en faveur de la place privilégiée que toute équipe de diagnostic et de traitement pédopsychiatrique doit réserver au test de Rorschach. Peut-être le lecteur attentif aura-t-il pu deviner à la lecture des 17 observations que nous avons recueillies comment dans certains cas sinon dans tous, l'échange même rapide entre pédo-psychiatres et psychologues « au lit du malade » éclairait le diagnostic psychiatrique et l'orientation thérapeutique.

De même il aura pu comprendre comment, dans le cadre pourtant presque uniquement hospitalier où ont été suivis ces 17 enfants et adolescents dépressifs, *le recours aux données explicatives que Freud puis Mélanie Klein ont définies nous apparaît comme essentiel à ces démarches*. Et là aussi, sans tomber dans une « psychanalyse sauvage » (tout au moins nous l'espérons) l'appoint du psychodiagnostic de Rorschach est indispensable si l'on considère comme nous l'avons fait incidemment, sinon explicitement, la genèse de l'état dépressif chez l'enfant.

Quelle que soit, en effet, l'étiquette nosologique à laquelle nous aboutissons : mélancolies, hébéphrénies, névroses ou états réactionnels (sans compter les innominés), nous croyons que la fine pointe explicative de ces états doit marquer comme l'a fortement dit M. Klein, *l'incapacité totale ou partielle d'introjecter une image maternelle tantôt bénéfique, tantôt maléfique, ou mieux encore simultanément apaisante et dévorante.*

Rappelons que dans trois de nos cas, Christian M..., Yvan M..., Yves C..., le Rorschach reflétait cette perturbation des rapports avec la mère dans leurs stades primitifs et la recherche d'un retour au niveau du narcissisme primaire.

C'est donc bien le lieu de rappeler ici les vues psychanalytiques telles que Bela Grumberger les a mises précisément en relief sur le rôle de l'image maternelle dans la genèse des états dépressifs.

Le point central de la dépression serait que « l'investissement vital » est vécu comme diminué, ce qui l'oppose à l'angoisse qui est au contraire un investissement maximum de la vie.

Ce qui manquerait au déprimé ce serait *l'euphorie venant de la « plénitude fonctionnelle »* valorisée, c'est-à-dire de la fusion de l'élément narcissique et de la pulsion agressive qu'a pu seule permettre l'unité symbiotique avec la mère.

Ce que retrouve l'analyste chez l'adulte dépressif, c'est *l'absence d'encouragement de l'enfant par la mère à affronter le monde objectal.* Tout le narcissisme primaire est alors projeté sur l'idéal du moi, et la dépression traduit le conflit entre l'idéal du moi narcissique et le moi qui échoue sans cesse à le satisfaire.

Faut-il extrapoler ces éléments à nos cas d'enfants et de pré-adolescents ? Les psychothérapies d'inspiration psychanalytique qui ont été entreprises et menées à bonne fin nous y incitent fortement dans nos cas « névrotiques » ou mixtes.

Mais le problème reste entier pour les cas que nous avons classés dans les catégories de la « mélancolie » et de l'« hébéphrénie », nos possibilités de psychothérapie en la matière étant malheureusement nulles, faute de temps et de personnel numériquement satisfaisant.

Il resterait à préciser notre pensée en matière thérapeutique. N'y a-t-il pas en effet une discordance entre ces données métapsychologiques telles que nous venons de les évoquer, trop sommairement d'ailleurs, et nos conduites pratiques ? On a pu lire que nous avons utilisé dans 5 cas sur 17 la sismothérapie et dans 1 cas la pyrétothérapie (huile soufrée). Nous avons donc suivi d'une manière que certains jugeront très conformiste les directives pratiques qui ont incontestablement fait leur preuve chez l'adulte dépressif. Et nous ne le regrettons pas, considérant que l'électrochoc a représenté dans ces observations une indication d'urgence à lutter contre une scène symptomatique d'autant plus inquiétante qu'elle se jouait dans un milieu hospitalier de pédiatrie générale... faute d'un service équipé spécialement pour recevoir ces enfants (qui n'existait pas à Lyon à cette époque).

Mais d'autre part tous nos jeunes malades ont été traités par chimiothérapie mixte, dérivés de la chlorpromazine, butyrophénones et dérivés pipérazinés, avec des résultats comparables à ceux que Laboucarie apportait récemment (cf *supra*).

Sismothérapie donc comme indication d'urgence, chimiothérapie comme indication constante : il reste que dans la moitié de nos observation, c'est-à-dire pratiquement la grande majorité des cas que nous avons pu ne pas perdre de vue, l'indication d'une psychothérapie a été déduite de notre bilan « clinico-rorschachien ».

N'est-il pas remarquable de constater que les problèmes mis au jour par les psychothérapies d'abord à l'hôpital même puis ambulatoires, les enfants étant retournés chez eux ou placés en institutions spécialisées, ont recoupé les données du Rorschach ? Qu'il s'agisse des 7 psychothérapies individuelles ou de l'unique cas suivi en psychodrame, l'ambivalence vis-à-vis de l'image maternelle et le maintien à une étape prœdipienne se retrouvent dans tous les comptes rendus.

PROTOCOLES DES 34 PSYCHOGRAMMES DE RORSCHACH

On trouvera ci-dessous le texte des protocoles de Rorschach de nos différents sujets. La présentation adoptée est la suivante :

— Les indications relatives à la localisation sont signalées par des parenthèses ( ); et par un « G » pour les réponses globales.

— Les précisions apportées à l'enquête sont mises entre crochets [ ] ainsi que les commentaires spontanés.

— Les différentes positions de la planche sont notées de la façon habituelle :

∧ : planche droite

∨ : planche renversée

< ou > : planche mise sur un petit côté.

Ces protocoles sont « livrés à l'état brut » : ils doivent cependant permettre au lecteur du chapitre 3 (pages 29 à 64) de trouver à tout moment les pièces justificatives de la discussion synthétique à laquelle nous nous sommes essayés.

1. Gérald C...

Le 17-3-1962.

1.	— Ça ressemble à une chauve-souris. Il y a du blanc. C'est symétrique.	G
2.	Ça représente rien non plus. Des taches rouges. Il y a du blanc aussi.	
3.	— On dirait des personnes désarticulées. Je vois des taches.	G
4.	Ça représente rien non plus. — Peut-être un monstre [« Ça t'ennuie ? » « Oui parce que je n'y comprends rien ». Le regard devient mobile et excité. « Je guérirai ? »]. C'est symétrique ici aussi.	G
5.	Des taches. Ça représente rien. — C'est du Picasso. — Peut-être un oiseau de l'Antiquité. C'est grisâtre.	G G
6.	Des taches toujours. C'est pas beau. — Peut-être un monstre.	G
7.	C'est pas mon portrait, ça... Je sais pas pourquoi je dis ça. Ça n'a pas de sens. Je n'y comprends rien. Du blanc, des taches sombres.	
8.	Elle a des couleurs. Des taches rouges, oranges. [« Est-ce que je peux m'arrêter une minute ? Je recommencerai tout à l'heure »].	
9.	— Des éclaboussures. Ça s'assombrit.	G

10. Des taches bleues, marrons.
     C'est toujours symétrique.

Le 24-3-1962.

1. ∧ — Un genre de chauve-souris. G
   — Un monstre sorti des entrailles de la terre. G
   Un trou au milieu.
   C'est symétrique.
   Il y a plusieurs taches blanches.
   — Des sortes de doigts, des mains avec des gants.

2. ∧ Il y a des taches rouges.
   — Une crevette (rouge inférieur).
   C'est symétrique.
   < ∧ — Un animal dépecé. Un ours; G
   Des taches rouges... Du sang.

3. ∧ — Des silhouettes de gens. Des ombres chinoises;
   On dirait qu'ils étendent les mains pour se chauffer. G
   — Un papillon.
   C'est toujours symétrique.

4. ∧ — Une peau de chat. G
   Il y a des taches blanches.
   — En haut, c'est la tête.
   < ∨ ∧ — Ici ça peut être des pieds d'un animal préhistorique.
   — Ici des ailes atrophiées.

5. — On dirait une chauve-souris de l'ère primaire. G
   — En haut, on dirait deux cornes, genre rhinocéros.

6. — En haut, une tête de serpent.
   — Une peau qu'on aurait clouée sur quelque chose. G

7. ∧ — Des ombres chinoises. G
   — Un pantin désarticulé relié à l'autre moitié par une
   sorte de charnière. G
   — Une tête (1/3 supérieur).

8.   Il y a un amas confus de couleur.
   < — Un genre de sauterelle sur le côté.
   ∧ — Ici une colonne vertébrale.
   — En bas des feuilles. (rose et orange)
       < ∧

9. ∧ — En haut, un genre de diable avec un nez crochu.
   Les couleurs du centre sont plus foncées.
   < — La tête d'un marteau. (rose)

10. ∧ — Des éclaboussures.   G
   — Une araignée.
   Il y a toutes les couleurs de la palette.
   — Des protozoaires (marron latéral).
   — Deux cerises.
   C'est symétrique.
   — La tête d'une libellule (vert clair).

Le 12-2-1963.

1. Taches grises.
    — Doigts.
    — Genre de bête : chien ou chat.
    [« J'ai fait du mal, j'ai poussé un chat
    par la fenêtre »].

2. C'est rouge.
    Des machins symétriques.

3. — Des machins qui tirent sur quelque chose
    (des crabes).
    [« Je voudrais pas voir le diable. Je voudrais me
    confesser et communier »].

4. Des machins gris. Ça ressemble à rien.
    — Des bêtes.
    [« Il faut me racheter. Je vous ai désobéi. »]

5. Du noir. Du blanc.
    — Une bête. Une chauve-souris qui ouvre ses ailes.   G
    [« Je voudrais plus en voir de ces bêtes. »]

6. Des taches grises.

7. — Des cornes.
    — Des gens déguisés.   G

8. — Un carré déformé.
    — Un caméléon.
    — L'arc-en-ciel.   G

9. Taches vertes.

[« J'ai peur qu'on me fasse du mal. »]
Là c'est plus clair.
Là c'est plus foncé.

10.   Là c'est bleu.
[« J'entends du bruit. »]
Là, il y a une tache rouge.
C'est un peu biscornu.
— Des insectes.

2. Elisabeth S...

Le 30-9-62.

1.
              ∨ ∧ > < ...
              [Je vois rien...]
              ∨ ∧ > <

2.
              ∧ ∨ > ... latence 1' 30"
              — La tête d'une vipère (petit détail central, inférieur gris).
> < ∧ ∨ — Un soulier, une chaussette quoi... (rouge supérieur).
              [Je vois plus rien.]

3.
              ∧ ∨
              — ... Là un arbre (détail inférieur gris).
              — ... Là la forme de l'Italie, comme ça.
              — ... Un casque de pilote (rouge centre).
              —   Là une main avec un bout de bras.

4.
              ∧ ∨ > ∧
              — Un homme avec un nez et une barbe (détail latéral).
              — Là je vois un chien, comme ça, sa tête, il est assis (détail latéral gris plus clair).
              ∧ ∨ > <

5.
              ∨ ∧ ... ∨
              — Une tête de lapin, les deux oreilles là (centre supérieur).
> <   [Non plus, je ne vois plus rien.]

6.
              ∨ ∧ ... > ... latence 2'
              — Des flammes là.
              — La côte de France, là c'est l'Atlantique (au centre).
              — Là un chapeau bien haut (détail latéral).

7.
              ∧ ∨
              — Une fourchette (détail central linéaire inférieur).
∧ ∨ >   [Je vois plus rien.]

8.
              ∧ ∨ > ... latence 2'
              — Des dents, ici (petit détail central).
              [C'est tout.]

9. ∧ ∨ … > … latence 2'
    — Là une botte (petit détail orange latéral).
    ∧ ∨ >

10. ∧ ∨ > < … latence 2'
    — Des cerises (orange central).

Le 12-1-1963.

1. ∧
    — 2 montagnes là (petits détails de bordure).
    <   — Un chapeau pointu.
    ∧   — Deux doigts.
    < ∨ < ∧ — Un lac au milieu d'un pays.
    ∧   — Un petit arbre.

2. ∧   — Un papillon (rouge inférieur).
    <   — Une tête de chien (rouge supérieur).
    ∧ ∨ > ∨ ∧

3. ∧ ∨ ∧
    — Une botte.
    — Un petit nœud.
    < ∨ ∧ ∨ … ∧ — Une tête de poule… de coq (la tête).
    — Un bras avec la main.
    < ∧ …

4. ∨ ∧
    ∨   — Un escargot, la tête plutôt.
    ∨   — Une casserole avec la queue (le haut du détail latéral).
    ∨   — Un soulier à talon (le haut du détail latéral.)
    <   — Une chenille.

5. ∧   — Deux oreilles de lièvre.
    ∨ < ∧ — Une jambe.
    ∨   — Une aile de papillon tout ça (la demi-tache).
    ∨   — Une cuvette (petite dépression dans la bordure).

6. ∧ ∨ <
    — Un peuplier (dans les flammes).
    ∧   — Un œuf (petit détail blanc central).
    ∧   — Les moustaches d'un chat.
    ∨   — Un crochet.
    ∧   — Une route.

7. ∧ — Une trompe d'éléphant. < ∨ ∧ >...
— Le tronc d'un arbre (petit détail supérieur).

8. ∧ < — Des dents (petit détail central).
— Un animal. > ∨ ∧ < ∨ ∧ ...
∧ — Le toit d'une maison.

9. ∧ ∨ < ∨ — Un champignon (centre ombré).
∨ ∧ ∨ — Une assiette ou un plat (partie ronde du rose).
∧ — Des griffes de chat (entre rose et vert).
< — Un nuage (le rose).

10. ∧ — La Corse (marron).
— Deux cerises.

Très lente. Tourne et retourne les planches.

Le 6-4-1963.

1. ∧ ∨ < > latence 2' 30"
— Là je vois un capuchon (pointe du sommet).
— Là deux montagnes (au centre).

2. ∨ < ∧ > latence 45"
— Ça, un chien.

3. ∧ — Un nœud.
∨ — Un bras avec la main (jambes des bonshommes).
∨ — Là, une tête de coq (tête des bonshommes).

4. Latence 35"
— Une tête d'escargot (le centre en bas).
[C'est tout.]

5. ∨ — Deux oreilles (pointes du haut).
— Une jambe de personne (sur le côté).

6. ∧ — Là, une partie de la France (côte Ouest).
< — Là, un peuplier (le haut, petite pointe).

7. Latence 3'
[Regarde la planche en souriant légèrement.]
∧ — Là, un papillon (le bas). < ∧ > ∨ <
∨ — Ça me fait penser à un écureuil, avec la queue (le haut).

8.	∨ ∧
   — Des dents (à la place des vertèbres vues habituellement dans le blanc).
   ∨ — Le toit d'une maison.

9.	∨ ∧ < ∨ > ∧ ... latence 1' 5"
   ∧ — Des nuages, parce que c'est rose et un peu la forme.
   ∧ — Un champignon (le centre entre les deux taches vertes).
   ∨ [C'est tout.]

10.	∨ ∧ latence 1'
   ∧ — Des cerises.
   ∨ — La Corse sur une carte.
   — Une araignée parce qu'elle a beaucoup de pattes.
   [C'est tout.]

Le 29-6-1963.

1.	∧ < ∨
   ∨ — Un petit arbre (bordure).
   — Un nez avec la figure (bordure).
   — Un capuchon (pointe).
   — Deux petites montagnes (centre).

2.	∧ — Un papillon.
   < — Un chien.
   < > ∨

3.	∧ — Un petit nœud.
   — Un bras avec une main (jambe).
   — Une tête de coq (la tête).

4.	∧ < ∨ — Une tête d'escargot.
   ∨ — Un soulier à talons (le bas de la botte).
   < > ∨

5.	∧ — Deux oreilles de lapin.
   — Une jambe.
   < >

6.	∧ ∨ <
   < — Des petits arbres, un petit peuplier, là.

84 LES ETATS DEPRESSIFS CHEZ L'ENFANT

           ∨ — Deux griffes.
             [C'est tout.]

7.   ∧ ∨
        ∧ — Un écureuil sur une branche (tiers supérieur).
        ∨ — Une trompe (dans le deuxième tiers). < >
           [C'est tout.]

8.   < — Des dents (vertèbres).
       — Un animal avec 4 pattes. ∧ ∨ <

9.   ∨ ∧ — Un champignon (centre orange dans le vert).
       — Des nuages parce que c'est rose.
       [C'est tout.] ∧ ∨ ...

10.   ∧ — Une araignée.
       — Des cerises.
       — La Sardaigne ou la Corse sur une carte.
       [C'est tout.]

Le 21-9-1963.

1.   ∧ — Un capuchon.
        < — Un rocher pointu (pointes latérales).
     ∧ ∨ — Un petit arbre (sur le bord).
   ∧ < ∧ — Un papillon (rouge central).
        < — Deux oreilles d'un animal (sur le bord latéral).
       < > ∨ ...

3.   ∧ — Un nœud.
       — Un bras avec la main.
       — Une tête de poule.
      < ∨ ∧

4.   ∧ ∨ — Une tête d'escargot.
       — Un soulier avec un talon.
      ∨ — Une casserole avec le manche (bout de la botte).
      ∨ — Une chenille.

5.   ∧ — Une tête de lièvre.
       — Une jambe.
       [C'est tout.]

6.   ∧ ∨ — Des moustaches de chat.
       < — Un petit peuplier.
      ∨ — Deux griffes.

		— Une route (détail axial).
		[C'est tout.]
7.	∧ < ∧	— Un écureuil avec la queue en l'air.
	∨ > < ∧	— Une tête de femme avec les cheveux en l'air.
	∧	— Un tronc d'arbre (pointe supérieure).
		[C'est tout.]
8.	∧ <	— Un animal avec quatre pattes... Ça peut être une panthère.
	∧	— Des dents.
		— Une branche. ∧ <
9.	∧ <	— Un homme avec un chapeau pointu (orange).
	∧ ∨	— Des nuages (rose).
		— Les dents d'un peigne.
		— Un buisson (détail latéral dans le vert).
10.	∧	— Une araignée.
		— La Corse.
	<	— Un doigt avec un petit ongle (dans le rose).

3. Yves C...

Le 12-1-1967.

1. ∧ — Un diable.   G
   ∨ — Une tête.   G
2.   — Des doigts.
       — Un triangle.
   ∨ — Comme ça, ça fait un volcan.   G
3. ∧ — Là, on dirait un nœud.
   ∨ — La tête d'une fourmi.   G
   ∨ — Comme ça, on dirait un nœud.
       — Et le derrière d'un chien, et le derrière d'un autre chien (rouge supérieur).
4. ∧ — Là, ça ressemble à rien [la repose].
   ∨ — Dans ce sens, on dirait un bougeoir.
   ∧ — Et dans ce sens, on dirait la tête d'un bélier.   G
5. ∧ — Là, on dirait un papillon.   G
6.   — Là, on dirait une bête écartelée.   G
       — Comme ça, un dinosaure, un avion, non une cigogne.   G
7. ∧ — Là, les antennes d'une fourmi.   G
   ∨ — Là, on dirait une bouche.
8. ∧ — Là, y'a un pont.
   < — Là, un tigre qui marche.
   > — Là aussi.
   ∧ — Là, on dirait une montagne.
9. ∧   Là, y'a...
   < — On dirait un loup, ça [enquête : avec dents].
   ∨   Comme ça, rien du tout.
       — Des tranches de jambon.
       — Un sanglier.
       — Là, un plateau, une montagne.
10. ∧ — Là, on dirait un crabe.
    ∨   Là, un crabe, mais qui va dans le sens contraire.

4. Christian M...

Le 2-4-1965.

1.	∧	— Une peau de bison avec quelques trous dedans.	G
		— L'ombre d'un oiseau préhistorique qui vole.	G
	>	— Des stalactites et des stalagmites dans une grotte.	G
	∨	— Un crabe difforme, je sais pas comment.	G
2.	∧	— Deux coqs qui parlent (rouge supérieur).	
		— Deux petits lutins déguisés ou un petit lutin déguisé qui se regarde dans une glace.	G
	∨	— Une bête qui vole.	G
		— Une paire de chaussures (rouge inférieur).	
3.		— Deux hommes qui sont en train de capturer une espèce de crabe, ou deux hommes qui soulèvent quelque chose qu'un seul n'arriverait pas à soulever.	G
		— Un papillon (rouge central).	
		— Deux petites bêtes — oiseau imaginaire (rouge supérieur).	
4.	∧	— Une peau d'ours.	G
	∨	— Une bête maritime qui nage	G
	>		
5.	∧	— Une chauve-souris.	G
		— Un papillon.	G
		— Une libellule.	G
		— Un perce-oreille à deux têtes avec des ailes.	G
		— Des bêtes collées ensemble qui courent : une veut aller à droite, l'autre à gauche.	G
6.	∨	— Une peau de chat... de renard... de bison.	G
		— Un oiseau imaginaire.	G
7.	∨	— Un petit lapin qui se regarde dans une glace.	G
	∧	— Un ogre.	G
		— Une entrée de grotte.	
8.	∨	— Un renard.	G
		— Un puma qui marche sur une montagne au-dessus de l'eau avec le reflet dans l'eau.	G
		— Un monstre ou un oiseau imaginaire qui vole.	G

9.   V — Une peau de bête ensanglantée.   G
      ∧ — Deux cochons accrochés par la queue.
      V — Un crabe (vert et rose).   G

10. — Une algue marine (bleu).
    — Deux lapins qui essaient de grimper sur un arbre (gris brun central).
    — Deux oiseaux qui volent (brun latéral).
    — Une entrée de grotte (entre le rose).
    — Deux cerises.
    — Un squelette.
    — Une tête de lapin sans corps avec rien que des pattes (vert).
    — Deux hommes l'un en face de l'autre dans la même position.
    — Un bison qui court (brun latéral).

Le 13-5-1965.

1.   ∧ — Une bête imaginaire, préhistorique.   G
       — Un crabe imaginaire, ses pinces.
   <∧ — Deux animaux, non un animal se regarde dans une glace.   G
   <∧ — Peau de bison.   G
     < — Objet qui tient en équilibre, objet quelconque.   G

2.   ∧ — Un coq se regarde dans une glace, un coq imaginaire.
      ∧ — Peau de bison.
   ∧ V — Libellule.
      V — Personnage ou ogre.   G

3.   ∧ — Deux personnes.   G
      ∧ — Deux petits lutins.   G
      ∧ — Un papillon.
      ∧ — Un crabe.
      V — Une bête imaginaire.   G

4.   ∧ — Peau de bison.   G
      V — Oiseau.   G
      ∧ — Un nageur; il écarte ses pieds et ramène ses bras.

5.   ∧ — Deux animaux attachés ensemble.   G
      V — Un oiseau imaginaire.   G
      <   [C'est tout.]

6. ∧ — Peau de chat. G
   < — Peau de bison. G
   < — Une bête imaginaire. G

7. ∧ — Deux lapins. G
   ∨ — Une entrée de grotte.
   ∨ — Un ogre. G
   ∨ — Des stalactites sans forme.

8. ∧< — Un puma en haut d'une montagne qui se reflète dans l'eau.
   < — Des rochers.
   ∧ — Une bête imaginaire. G
   [Avec ces trucs-là, on ne peut pas dire grand-chose.]
   [Je crois que c'est tout.]

9. ∧∨ [Je trouve rien du tout.]
   ∨ — Cochon.
   ∧ [Là, c'est difficile à dire, ça ne représente rien du tout.]

10. [Là, d'accord.]
   ∧ — Deux lapins rongent un arbre.
   ∧ — Un lapin, tête et oreille.
   ∧ — Une algue.
   ∧ — Deux bisons qui courent.
   ∧ — Deux cerises.
   ∧ — Une entrée de grotte.
   ∧ — Un taureau.
   ∧ — Des oiseaux imaginaires, deux.
   ∧< — Un soulier avec des jambes maigres; deux souliers — c'est un reflet.
   — Des boyaux.

5. Bernadette F...

Le 23-3-1965.

1.   ...

2. ∧ — ... La vessie.
    — Des jets [d'eau] (détail axial supérieur).

3. ∧ — Un chat (détail central inférieur).
    — Un chien (bonhomme).

4. ∧ — Un chien, il est gentil.   G

5. ∧ — Un papillon.   G

6. ∧   ...

7. ∧ — Des chiens, petits.
    — Une bouée (centre).

8. ∧ — Des cochons.
    [C'est tout.]

9. ∧   ...

10. ∧ — Un loup (brun supérieur).

Le 6-5-1965.

1. ∧ — Une grenouille.   G
    [Au milieu, je sais pas.]

2. ∧ — Un chapeau éclaté.   G

3. ∧ — Un petit chien avec une bobine de fil.   G
    — Et puis de l'eau (noir central).

4.   — Un chien, il est debout.   G

5.   — Une chauve-souris.   G

6.   — Un chien, il est debout aussi.   G

7.   — Deux chiens assis sur une pierre.   G

8.   — [Je sais pas]... Un crabe.   G

9.   — Du feu avec un jet d'eau au milieu.   G

10.   — Deux crabes, [le reste, je sais pas.]

6. ROSELYNE N...

Le 17-11-1965.

1.
    ∧ — Un insecte.   G
    ∧ — Un papillon.   G
    ∧ — Une araignée.   G
    ∧ — Un cerf-volant.   G

2. ∧ V — Un animal, un insecte   G

3. ∧ V — Un insecte, un cafard.   G
    ∧ — Le squelette de l'insecte.   G

4. ∧ V ∧ V — Un insecte.   G

5. ∧ V — On dirait un lapin coupé en deux et retourné.   G
    ∧ V — Un cerf-volant qui vole.   G

6. ∧ V ∧ V ∧ — Un animal plié en deux.   G

7. ∧ V — Un petit chien.   G
    V

8. ∧ — Deux bêtes qui montent; elles s'accrochent à...
    V ∧ — Des racines d'arbre.

9.   ∧ V ∧ V
    ∧ — Une statue.   G
    ∧ V ∧ — Là, on dirait un habit avec les manches; non, ce n'est pas une statue ça.
    ∧ < — La tête d'un chameau.

10. ∧ — Deux insectes qui se battent.
    ∧ < — Là, une petite fille qui monte sur une colline.
    ∧ — Deux sauterelles.
    ∧ — Une pieuvre.
    < — Un lapin qui court.

Le 17-6-1966.

1.
    ∧ — Une espèce de cafard.
    ∧ — Une araignée.   G
    V — Une chauve-souris, non, plutôt dans ce sens, la chauve-souris.   G

2. ∧ ∨ ∧ ∨ ∧   — Un papillon, un gros.
        ∧ ∨   — Les yeux du papillon.

3.   ∧ ∨   — Le squelette d'un cafard.   G
        ∧   — Un nœud papillon.

4. ∧ ∨ ∧ ∨   — On dirait une écrevisse.
        ∨   — On dirait une espèce de bête qui a des ailes.
        ∨   — On voit des yeux aussi.
        ∧

5.   ∧ ∨   — Un lapin ouvert en deux.   G
        ∨   — Un papillon aussi, une espèce de papillon sans les pattes.

6.   ∧   — Une bête ouverte en deux.   G

7.   ∧   — Un petit chien ouvert en deux.   G

8.   ∧   — Deux bêtes qui montent sur un rocher, des marmottes.

9.   ∧ ∨   — On dirait une tête de chameau, ou plutôt de lézard, sous un nuage.
        ∧   — On dirait des écrevisses, des pinces d'écrevisse.

10.   ∧   — Deux..., un rocher là, deux cafards qui sont en haut d'un rocher et qui tiennent quelque chose (gris supérieur).
        ∨   — Des espèces de bêtes qui se baladent.
        ∧   — Des araignées qui montent sur les rochers.

Le 23-2-1967.

1.   ∧   [Ça représente...
        ∨ ∧   ... Par exemple, un... comment ça s'appelle...]

2.   (On donne la 2ᵉ planche; elle veut la première mais n'arrive pas à formuler une réponse.)
        ∧   ...

3.   — Un squelette (dit à voix très basse).
(N'arrive pas à le montrer.)
Non, c'est pas ça.

— Un cafard. La tête d'un cafard (noir inférieur).
Le squelette, non...
— Par exemple, là c'est des yeux (noir inférieur).
— C'est des machins de science.   G
[Il faut que je demande à Madame... de m'apporter mes affaires...]
— Ça on dirait des « colicampes » (hippocampes) (rouge latéral).

4. ∧ ...

5. ∧ — Ça, c'est un lapin partagé en deux.   G

6. ∧ — Ça, c'est... Ça ressemble à un... animal (partie supérieure).

7. — Ça ressemble à un chien partagé en deux — ça fait deux chiens.

8. — Deux ours qui montent après... non, ils tiennent...

9. ...

10. — Des insectes, des animaux.   G

Le 4-3-1967.

1. [C'est toujours pareil...
Je veux pas y faire parce que ça sert à rien.
Et puis d'abord, on s'occupe pas de moi.
Je veux pas rester tout le temps ici...
Ça sera toujours pareil.
Ça représente... mais ça sera encore pareil.
Comme j'ai pleuré, j'y vois plus.
Tout à l'heure ça allait bien, on m'appelle toujours quand ça ne va pas.]

2. (On donne la deuxième planche, elle reprend la première et continue ses digressions sur son état, sur le passé.)
[Pourquoi vous m'appelez pas quand ça va ?]

3. ∧ C'est toujours pareil.
— Ça c'est des hippocampes.
C'est des dessins de sciences.   G

      — Ça représente le squelette, les os.
      [Ce bruit me gêne (on entend le moteur d'un appareil ménager.)]
      (Revient au 2 et 1)...

4.   ∧ ...
      C'est dur.
      Et on m'aidera !

5.   ∧ — Ça c'est un lapin coupé en deux.   G

6.   ∧ — Ça ressemble à un animal qui a la tête allongée.   G

7.   (Veut voir absolument son dossier, s'énerve.)
    ∧ C'est toujours pareil...
     — Ça représente des petits chiens.   G

8.   ∧ — Deux ours, quoi... qui grimpe après un rocher.   G

9.   ∧ C'est fait avec quoi ça, avec des taches ?
     [C'est fait exprès pour la psychologie]

10.   ∧ — Ça représente des insectes, des animaux.   G
     Remarquez, ça n'a rien à voir avec...

7. Jocelyne C...

Le 19-11-1966.

1. ∧ — On dirait un papillon. G
    — Là, on dirait une tête d'animal (détail latéral). De l'autre côté, semblable.
    — On dirait une petite bête là (le centre), une fourmi;
    ∨ ∧ — Le museau d'un renard (détail inférieur).

2. ∧ ∨ — On dirait la tête d'un chien (noir).
    ...

3. ∧ — Ça ressemble à des hommes qui se baissent. G

4. ∧ ... (Légère exclamation).
    ∨ — Là, on dirait une chouette (centre).
    ∧ — Ici des pattes d'animaux.
    [C'est tout.]

5. ∧ — Un papillon. G
    — Ici, tête de lapin.

6. ∧ ∨ — La forme d'une peau de tigre. G
    ∧ — Totem des indiens.

7. ∧ — On dirait un animal qu'on aurait habillé.

8. < — Une bête.
    [C'est tout.]

9. ∧ ∨ ∧ < ...
    Je vois rien.

10. ∧ ∨ — Ça on dirait des bêtes qui vivent dans la mer, des hippocampes.
    — Une plante dans la mer.

Le 23-3-1967.

1. ∧ ∨ ... — Ça ressemble à un insecte. G
    [C'est tout.]
    — La tête d'un animal (moitié de la pointe latérale).

2. ∧ — Deux animaux, ça.
    — Un papillon.

3. ∧ — Des personnes, ça qui se baissent ;　　　　　G
   — Un nœud.
   — Des animaux (rouge latéral).

4. ∧ ∨ ... — Deux mains qui ont les doigts levés.
   — L'ensemble ressemble à une peau de bête.　　　G

5. ∧ — Une tête de lapin.
   — L'ensemble, un papillon.
   [C'est tout.]

6. ∧ ∨ ∧ — Une statue indienne (partie supérieure).
   [C'est tout.]

7. ∧ ∨ — Des personnages de dessin animé, animal qu'on a
   habillé.　　　　　　　　　　　　　　　　　　G

8. ∧ — Des animaux qui vivent dans la forêt.
   [C'est tout.]

9. 　　　∧ ∨ ∧ ...

9. ∧ — Peut-être des animaux, ça (vert).
   ∧ — Ici, on dirait l'ombre des oiseaux qui sont sur les
   branches (orange).
   [C'est tout.]

10. ∧ — Des animaux qui vivent sous la mer, des hippocampes.
    [Je vois plus rien.]

8. Jacques R...

Le 19-1-1963.

1. ∧ < — Ça ressemble un peu à un éléphant.
   V < ∧

2. < — On dirait un peu un chien.
   < — On dirait de l'eau ça (rouge inférieur).
   ∧ — On dirait un morceau de visage avec l'œil, le nez, la bouche (rouge supérieur).
   [C'est tout.]

3. ∧ — Ça, on dirait un nœud papillon.
   ∧ — Ça pourrait être deux hommes qui portent une boîte à couture.   G
   ∧ V — Ça, un oiseau avec un perchoir (rouge supérieur).
   [C'est tout.]

4. ∧ V ∧ — On dirait un peu une descente de lit en peau.   G
   ∧ — Là, on dirait une tête d'animal.

5. ∧ — Une chauve-souris.   G
   V < > ∧

6. ∧ V < ∧ < > V
   V — Ça, on dirait un singe (la moitié sur le détail du bas).
   [C'est tout.]

7. ∧ — On dirait vaguement un lapin, ça, sur un morceau de terre (2ᵉ tiers supérieur).
   < ∧ V   [C'est tout.]

8. ∧ < — On dirait un tigre ou une panthère.
   V > < ...   [C'est tout.]

9. ∧ — On dirait un peu une tête de cerf avec les cornes.
   V — Une tête de femme (le vert) avec un ruban dans les cheveux et une queue de cheval.
   < V ∧ > — [C'est tout.]

10. ∧ — On dirait un peu une araignée.
    > V ∧ — Une tête d'insecte là (dans le vert).
    ∧ — Deux boules de gui ?
    < ∧ — Deux espèces de monstre, des petits nains (partie du brun).
    ∧ — Un lion (le jaune).

9. Jean-Marc A...

Le 16-3-1966.

1. ∧ ∨ ∧ — Un papillon. G
   — Une souris qui a des ailes, une chauve-souris. G

2. ∧ ∨ ...
   — Une sauterelle, là on dirait (rouge supérieur). Pas d'autres choses.

3. ∧ — Un papillon, un nœud. Je trouve rien d'autre.

4. ∧ ∨ — Un escargot (détail supérieur).
   [C'est tout.]

5. ∧ ∨ ∧ — Les cornes et les ailes d'un papillon.
   [C'est tout.]

6. ∧ ∨ ∧ ...
   — Un bûcher (détail supérieur) comme où on a mis Jeanne d'Arc. G
   [C'est tout.]
   [Parce qu'on dirait qu'il y a une tête en haut et en bas du bois et le feu en haut.]

7. ∧ — On dirait deux petits lapins qui se regardent (tiers supérieur).
   — Ou deux petites filles qui ont la queue de cheval en l'air, qui se regardent (tiers supérieur).

8. ∧ — On dirait deux souris là qui essaient de grimper contre un mur.

9. ∧...
   ∨...
   [Je peux pas trouver.]

10. ∧ ∨ — Là deux araignées.
    ∧   [Je peux pas trouver autre chose.]

10. René G...

Le 28-2-1966.

1. ∧ — Un papillon. G
   — Une chauve souris. G
   < — Un fantôme avec des buissons, il se cache, il a le bras tendu.
   — Un chat assis sur son train de derrière (centre).

2. ∨ — La tête d'un renard (centre avec rouge).
   ∧ — La tête d'un chien avec les oreilles pendantes (rouges).
   La tête d'un cheval (rouge).
   < — Des lapins étendus sur le côté (noir); ils sont plutôt morts.

3. ∧ — Deux singes ou deux coqs. G
   ∧ — Un papillon.
   ∨ — Un gros singe qui est debout, les bras levés, la tête dressée, les oreilles pendantes (le noir). G
   ∧ — Deux personnes qui se donnent la main et qui tournent. G

4. ∧ ∨ ∧ — Ça c'est deux jambes.
   — Ça la queue.
   — Ça une tête avec des cornes.
   — Un renard qui a de grands pieds et qui est debout. G

5. ∧ — Ça, c'est un papillon. G
   — Une chauve-souris. G
   — Un canard avec son bec.

6. ∧ — Un oiseau qui a été plumé. G
   < — Un pré avec un canard qui est dessus.
   ∨ — Un morceau de bois piqué dans l'herbe comme une croix recouvert d'un manteau ou de neige. G

7. ∧ — Deux petits oursons qui sont sur une balançoire en train de se balancer. G
   — Le col d'une dame. G
   — Des petits chiens (2ᵉ tiers inférieur).
   ∨ — Un chapeau en sorte de diadème.
   — Un hachoir.

8. ∧ — Des tigres.

∨ — Des moutons.
— Des renards qui montent sur une colline (gris supérieur).

9. ∧ — La tour Eiffel (centre).
— Des rochers (rose).
∨ — Des poissons (orange).
< — Des hippopotames (vert).

10. ∧ — Des chenilles (rose).
— Des bonshommes en train de boxer (bleu).
— Un cerf (brun).
— Un crabe.
— Des fourmis (jaune).

Le 11-3-1967.

1. ∧ — Une abeille.   G
   < — Un paysage, un buisson, un rocher, des buissons; [De l'autre côté, pareil.]

2.   ∧ ∨
   < — Ici, deux lapins (noir).
   ∧ — Un pied (rouge supérieur).
   < — Un chien cocker avec de longues oreilles (rouges).
   ∨ — Ici, un bélier, la tête (rouge supérieur) vu de face.

3. ∧ — Deux petits singes (rouge).
   — Deux bonshommes ou deux dames en train de jouer du tam-tam.   G
   ∨ — Les poumons.
   ∨ — Deux bonshommes en train de lever les bras.   G

4. ∧ ∨   (Grimace.)
   ∧ — Un monstre.   G
   ∨ < — Un monsieur qui lève la jambe, couché.
   ∨ ∧ — La moitié du monstre, partie inférieure seulement du corps.
   (G sans détail médian.)
   < — Deux lézards.

5. ∧ — Un papillon.   G
   — Un crocodile caché derrière un buisson.
   — Deux loups, la tête seulement (la moitié sans partie médiane).

	∨	— Un bonhomme qui fait de l'équilibre, pieds en l'air, main sur terre (médian).
6.	∧ ∨	— Ici, on dirait le pied d'un âne avec le sabot (médian).
	<	— Ici, un pré avec un chien, les jambes cachées. [De l'autre côté, pareil.]
	∨	— Deux têtes de bouledogue (détail sommet).
	∧	— La moitié d'un animal coupé par le milieu, on voit l'intérieur du corps. G
7.	∧ ∨	— Ici, la tête d'un éléphant avec sa trompe (tiers médian). [Pareil de l'autre côté.]
	∧	— Deux petits lapins avec leurs oreilles.
	∧	— Un col de chemise (partie inférieure).
	∨	— Le derrière du col.
	∧	— Deux chats sur leur train de derrière (partie inférieure).
8.	∨	— Ici, deux lions.
	∧	— Deux renards (détail supérieur).
		— Un animal sculpté en pierre (protubérance de l'orange).
		— Des rochers.
		— Un col de chemise (vert).
9.	<	— Un petit bébé assis (rose).
		— Un ours (vert).
		— Un arbre avec un monsieur en train de couper la branche (dans l'orange).
		— Des rochers.
		— Des rochers avec des glaçons qui pendent (rose).
10.		— Deux araignées.
		— Un escargot dans sa coquille.
		— Un escargot qui marche.
		— Un poteau.
		— Des chenilles.
		— Deux petits ours.
		— Un porte-manteau.
		— Un fauteuil avec un homme assis qui tend son bras (jaune).

11. Sylvie B...

Le 12-11-1965.

1. ∧ — Un papillon. G
    ∧ — Un masque.
    ∧ — Une feuille morte.

2. ∧ ∨ ∧ — Deux personnages, comme des nains, avec un chapeau.

3. ∧ — Deux taches d'encre, une symétrie.
    ∧ — Deux personnages. G
    ∨ — Un dessin de sciences naturelles que je faisais en 3ᵉ; le cerveau. [C'est à cause de la symétrie.] G

4. ∧ — Une peau de bête. G
    ∨ — Une chauve-souris.
    ∨ — Du papier calciné.

5. ∧ — Une chauve-souris. G
    ∧ ∨ — Un papillon. G

6. ∧ — Une peau de tigre avec la tête au bout. G

7. ∧ — Deux dames de 1900 avec l'habillement 1900. G
    ∧ — Deux lapins. G
    ∨

8. ∧ ∨ — Des particules que je regardais au microscope, des coupes, les taches roses.
    < ∨ ∧ — Un animal qui grimpe sur des rochers.

9. ∧ ∨ — Un manège. G

10. ∧ — Une place publique avec beaucoup d'animation, ou une fête foraine [un peu à cause de la diversité des coloris]. G

12. GEORGES H...

Le 30-8-1962.

1. ...

2. — Deux bêtes mortes à la chasse avec du sang qui coule.

3. ...

4. — Géant sans tête.
   — Derrière un arbre où il s'appuie.

5. — Chauve-souris.   G
   — Grand oiseau.   G

6. — Tête de loup avec moustaches.

7. — Une grande coupe de bois, un van.   G

8. — Deux animaux.
   C'est artistique, des taches de couleur.

10. ...

Le 20-9-1963.

1. ...

2. — Deux sangliers.

3. — Deux hommes tirant un truc.   G

4. — Bottes à l'envers.
   — Chauve-souris.   G

5. — Chauve-souris.   G
   — Animal préhistorique.   G

6. — Tête de loup avec moustaches.
   — Peau de loup étalée.

7. — Deux petits chiens.

8. — Tigres ou chats sauvages.
   Taches de couleur.

9. — Taches d'herbe avec des roses.   G

10. — Araignée de mer.
　　 — Tête de lapin.
　　 — Cerf.
　　 Des taches de couleur partout.

Le 23-11-1964.

1. ...

2. ...

3. ...

4. ...
　　[« En allemand ils sont forts. »]

5. — Chauve-souris.　　　　　　　　　　　　　　　　G

6. ...

7. — Tête de loup.

8. — Animaux dont on ne connaît pas le nom.

9. ...

10. — Araignée de mer.
　　 — Tête de lapin.
　　 — Cerises.

Le 18-12-1965.

1. — Deux oiseaux empaillés.
　 — Deux cornes de cerf attachées au mur.

2. — Deux têtes de sangliers.

3. — Deux squelettes.
　 — Deux poumons.

4. — Deux bottes.　　　　　　　　　　　　　　　　G
　 — Chauve-souris.

5. — Chauve-souris encore.　　　　　　　　　　　　G

6. — Museau d'un loup.
　 — Peau de loup étalé.　　　　　　　　　　　　　G
　 — Des pattes écartées.

7. — Deux petits éléphants.
   — Peau en bas.

8. — Deux gros chats.   G
   — Arc-en-ciel.   G
   — Feux d'artifice.

9. — Volcan avec ses laves.   G
   Pierres autour, fumée rouge qui s'échappe.

10. — Araignée de mer.
    — Crabes.
    — Tête de lapin.
    — Trachée et poumons.

13. Yvan M...

Le 27-2-1967.

1. ∧ — Ça représente presque un continent. G
   [La droite et la gauche sont identiques.
   Il y a des endroits plus clairs, d'autres qui sont blancs.]
   ∨ — Une tête de démon avec des cornes, des yeux, un point
   blanc qui pourrait être le nez. G
   < — On dirait aussi des nuages. G
   — Ça pourrait être aussi une tête de démon avec les yeux,
   les narines, une tête de chat presque. G
   — Des chiens avec des bosses qui se regardent (détails
   milieu).

2. ∧ — Un volcan (tout le noir).
   — Des têtes qui se regardent (rouge en haut).
   > Un creux dans la montagne ou dans la mer.
   ∨ [Je vois pas.]

3. ∧ — Deux bonshommes qui se regardent. G
   — Un nœud de cravate au milieu (rouge).
   — Une cruche avec une anse (noir en bas).
   ∨ — Un animal terrifiant qu'on ne connaît pas; des poils, des
   bras.
   — Un nœud papillon (rouge).

4. ∧ — Une tête de taureau sans cornes ou avec des cornes
   desséchées, plutôt vu de derrière, avec une énorme queue
   entre ses pattes. G
   ∨ — Une toque de fourrure. G
   — Une peau.
   — Une seiche avec des grands bras.
   ∧ — On pourrait voir aussi un homme terrifiant avec un
   manteau d'ours, avec les pieds qui est penché en avant. G

5. ∧ — Un insecte, un papillon. G
   > — Un Indien avec des épées qui le traversent, les bras en
   l'air, accroupi. G
   — Une femme avec un bras en l'air et un bras replié. G

6. (Regard interrogatif.)
   ∨ — Une partie de la France avec la pointe de la Bretagne,
   en bas les Pyrénées.

V	— Une tête de sanglier, avec son groin, son œil.	
∧	— Une vallée dans la montagne avec une route.	
	— Ça pourrait être de l'eau.	
∧	— Un crayon taillé en carré.	

7. ∧ — Une baie, de l'eau, la terre.   G
   > — Amérique centrale avec canal de Panama.   G
   V — Deux femmes avec de grands cheveux qui dansent, la robe s'en va un petit peu en arrière.   G
     — Un papillon.

8. ∧ — La coupe d'une montagne (en haut).
   > — Un animal, je ne sais pas lequel.
   V — Ça ressemble à la France, comme tout à l'heure.

9. ∧ — Ça pourrait être une baie, avec les continents, et (au milieu), un bateau qui arrive et qui rentre.   G
     — Une tente d'Indien avec un piquet au milieu.

10.   (Regard interrogatif.)
   ∧   [Il y a de plus en plus de couleur.]
     — Les fonds marins (vert en haut), un bonhomme qui descend au fond de l'eau. Il a un produit dans les doigts qui fait un panache.   G
     — Ça pourrait être le sternum avec la cage thoracique (bleu milieu).
     — Un robot avec des tas de bras (bleu latéral).

14. Roger B...

Janvier 1965.

1. ∧ — On dirait une bête, une chauve-souris. G
   — Ça on dirait des ailes.

2. ∧ — Ça, je sais que c'est des animaux, c'est les mêmes, on dirait deux petits sangliers; ils sont en train de se battre ou de s'amuser.

3. ∧ — Deux hommes ou deux garçons; ils doivent ramasser quelque chose avec une pelle. G
   C'est peut-être des hommes pas très riches, ils balaient les rues.
   ∧ — C'est un papillon.
   ∧ — On dirait quelque chose qui pend.

4. ∧ V — On dirait peut-être une tortue de mer; c'est la carapace qui m'y fait penser.
   V — Ça peut être un poisson.
   — Ça, des nageoires du poisson.

5. ∧ V ∧ — On dirait une bête qui vient d'être tuée; elle est à plat; c'est peut-être un oiseau. G

6. ∧ V ∧ — Là, il y a un oiseau; peut-être un oiseau empaillé pour faire joli, le bois pour le faire tenir.
   ∧ — Une carte de géographie.

7. ∧ V ∧ — On ne voit pas bien si c'est des hommes ou des bêtes; c'est plutôt des bêtes qui ont de la fourrure; c'est pas un chien en tout cas; la bouche ressemblant à une bouche de cochon. C'est une bête découpée à qui on a enlevé la fourrure.
   — Des pattes là.

8. ∧ V ∧ V ∧
   < — Deux bêtes en train de chercher quelque chose. Elles se promenaient dans la forêt.
   V — Un ruisseau de montagne.
   Ça, je ne vois pas.

9. < — Un homme avec des moustaches. Il tient une épée.
   ∧ — C'est des cornes, ça, c'est peut-être deux bêtes qui se battent entre elles.

L'homme avec l'épée essaie de tuer les bêtes peut-être.
∧ — Des troncs d'arbre; c'est la couleur qui m'y fait penser.
— Ça, c'est peut-être de la verdure.

10. ∧ < — Là, deux araignées.
∧ — Là, deux chenilles; c'est vert.
∧ — Deux bêtes qui essaient de grimper à un arbre.
∧ — Des larves.
∧ — Deux chenilles en train d'attraper les araignées... Elles n'aiment pas les araignées.
∧ — Ça, on dirait un tube digestif.

Juin 1966.

1. ∧ < ∨ <   C'est une tache.
    ∨ — Une bête, un crabe. G
    ∧ — Une chauve-souris. G
    ∧ — Une araignée; G
    ∨ <   [Mais sans les trous; il faudrait la bouche.]

2.   ∧ ∨ ∧ ∨
    < — Des poissons.
    ∨ — Comme un papillon.
        C'est un peu pareil, que l'autre.

3. ∧ — Des marionnettes sur un théâtre; elles jouent.
   < — Là, il y a un papillon.
 ∧ < — Deux lions.

4. ∧ ∨ — Un escargot, les cornes d'un escargot, la tête.
   ∨ — Un crapeau qui saute.
   ∧ — Un poisson de mer, une tortue de mer. G

5. ∧ — Tout à fait une chauve-souris. G
    — Aussi un gibier qu'on a tué, la peau d'un lapin.

6. ∧ — Un totem.
   ∨ — Ça fait penser à un épouvantail.

7. ∧ — Deux têtes, deux bonshommes de neige, qui représentent des Indiens.
    — Des chiens.

8.   ∧ < — Un animal, là et là.
     ∧   — Un sapin.
          — Comme la colonne vertébrale.

9.   ∧ ∨ — Une carte de géographie, l'Afrique.
     ∧   — Des débris de squelette.
     <   — Un ours.
     <   — Un clown.

10. ∧   — Un crabe.
     ∨   — Des cartes de géographie.
     <   — Des perles en or.
     ∨   — Des bourgeons.
     <   — Des chenilles qui mangent une feuille.

15. Bernard G...

Le 18-2-1965.

1. ∧ — Une chauve-souris.   G
   — Un hanneton.
   [Un autre nom encore, je cherche.]
   — C'est les pinces, il y a des pinces là en haut, un crabe.

2. ∧ — ... Ça, un papillon.   G
   ∨   ... (On lui retourne la planche.)

3.   ∧...< ∨...>...∧ latence 25"
   ∧ — Il y a deux canards.
   ∧ — Un crabe.
        < ∧...< ∧...

4.   ∧...<...∨...> ∨ latence 35"
   ∧ — Une écrevisse.
   ∨ — Une chauve-souris... [On peut redire deux fois le même nom ?]

5.   ∧... latence 15"
   — Ça, c'est la chauve-souris.   G
   < ∨ — ... Une mouche.   G
   [C'est tout.]

6.   ∧...∨...∧ >...∨...>... latence 40"
   ∨ — Une libellule.
   [C'est tout.]

7.   <...∨...> ∨ >< ∧... latence 1'
   — On dirait deux poussins...
        ∧...∨...

8.   <...∧...>... latence 20"
   — Deux crapauds.

9. ∧ ∨ — Un poisson (rose).
   — Une taupe (orange plus clair).
        ∨...

10.   ∧...∨... latence 50"
    ∨ — Une chauve-souris (vert, hippocampe).
    ∨ — Un hanneton (araignée).

16. Christian D...

Le 23-5-1964.

1.	∧ V	— Un visage de chien.	G
		— Un papillon.	G
2.	∧	— Deux personnages qui s'affrontent (sans le rouge inférieur).	
3.	∧	— Deux personnages encore... en costume.	G
	V	— Un homme avec un nœud papillon.	G
4.	∧	— Un homme (sans le détail central).	
		[C'est tout.]	
5.	∧	— Un papillon.	G
		[C'est tout.]	
6.	∧ V	— Deux personnages collés dos à dos (sauf le petit détail du bas).	
	∧ V		
7.	∧	— Deux petits lapins.	G
	V	— Deux filles.	G
8.	∧	— Deux animaux.	
		— Deux animaux collés dos à dos (rose et orange).	
9.	∧	— Deux hommes (orange).	
	<	— Deux têtes (rose).	
	<	— Une personne (vert).	
10.	∧	— Des crabes.	
	<	— Un visage de crocodile (vert).	
	∧	— Des petits chiens.	
		— Des crevettes (brun supérieur).	
		— Un insecte.	

17. Jacky H...

Le 9-11-1963.

1. ∧ — Une chauve-souris. G
   — Un papillon. G
   — La tête d'un bonhomme avec un grand nez.

2. ∧ — La tête d'un bonhomme : les deux yeux (rouge supérieur), le nez (noir en haut), la bouche (le blanc), les joues (le noir). G
   — Une toupie.

3. ∧ ∨ — Une grenouille. G
   ∧ — Le corps d'un bonhomme [les deux yeux (noir central), le nez (entre les deux taches noires), la bouche (blanc dans le gris), les jambes (rouge latéral), le nœud (rouge), le ventre (blanc)]. G
   [Vu à plat et à l'envers.]

4. ...
   ∧ — Un bonhomme. G

5. ∧ — Un papillon. G

6. — Une étoile (sans le détail supérieur).

7. ∧ — Un lapin coupé en deux (vu à l'envers, de bas en haut). G

8. ∧ ...
   — Deux bêtes.
   — La tête d'un aigle (centre de l'image).
   — La tête d'un monstre (dents au centre; yeux : petits points blancs).

9. ∧ < — Deux têtes de bonshommes (rose).
   — Un papillon (orange et vert).

10. ∧ — Deux morceaux de viande (rose).
    — Deux taches d'encre (bleu).

BIBLIOGRAPHIE

I. Les états dépressifs

BARUK Henri, Précis de psychiatrie, Masson et Cie, 1950.

DELAY J. et DEUIKER P., Méthodes chimiothérapiques en psychiatrie, Masson et Cie, 1961.

FREUD S., Inhibition, symptôme et angoisse, P.U.F., 1951; « Deuil et mélancolie », dans : Métapsychologie, P.U.F.

GRUNBERGER B., « Etude sur les dépressions », Revue Française de Psychanalyse, 1965, n° 2-3.

GUIRAUD Paul, « Origine et évolution de la notion de schizophrénie », Confrontations Psychiatriques, n° 2, SPECIA, 1969.

JALLADE S. et MARIE CARDINE M., « Les états dépressifs », Cahiers Médicaux Lyonnais, tome 43, n° 21, septembre 1967.

KLEIN Mélanie, La psychanalyse des enfants, 2ᵉ éd., P.U.F., 1969.

KOHLER C. et THEVENIN, Les problèmes neuropsychiatriques et médico-pédagogiques de l'enfant, P.U.F., 1950.

LABOUCARIÉ J., Les mélancolies atypiques et l'unité des états dépressifs, IVᵉ Congrès Mondial de Psychiatrie, Madrid, 1966.

LEBOURGES J., « Les états dépressifs et leur traitement », Gazette des Hôpitaux, numéro spécial, 10 juin 1967.

MEYER MENDELSON, « Dépressions, l'emploi et la signification du terme », The British Journal of Medical Psychology, vol. 32, n° 3, 1959.

VIIIᵉ Séminaire de perfectionnement de l'Institut de Psychanalyse : « Les Dépressions », Revue Française de Psychanalyse, n° 3, 1968, V et VI.

Scherrer P., « Les dépressions », Concours Médical 14, XII, 1963.

« Symposium sur les états dépressifs » : L'Evolution psychiatrique, juillet-septembre 1955, n° 3.

II. Le Rorschach

Anzieu Didier, « Les méthodes projectives », P.U.F., 1965.

Beizmann Cécile, « Le Rorschach chez l'enfant de 3 à 10 ans », Delachaux et Niestle, 1961.

Bochner et Halpern, « L'application clinique du test de Rorschach », P.U.F., 1965.

Bohm H., « Traité du psychodiagnostic de Rorschach », 1965.

Loosli-Usteri, « Manuel pratique du test de Rorschach », Hermann, 1965.

de Baudoin Guy, « La crise mélancolique vue à travers le test de Rorschach, Annales médico-psychologiques, mai 1954.

Fusswerk J., « La psychose maniaco-dépressive et le test de Rorschach », Annales médico-psychologiques, juillet 1954.

Kohler C., Couprie H., Guyot R., Résultats de l'exploration par le psychodiagnostic de Rorschach de 66 élèves des « Classes nouvelles » (garçons de 10 à 13 ans) - Enfance : novembre-décembre 1948.

TABLE DES MATIERES

Introduction

- Existe-t-il des « dépressions » chez l'enfant ? 5

Chapitre 1

- Etude clinique : présentation de 17 observations . . . 7
  - A. Etats mélancoliques 7
  - B. Etats dépressifs « préschizophréniques » 10
  - C. Etats dépressifs réactionnels 12
  - D. Etats dépressifs « névrotiques » 14
  - E. Cas « mixtes » difficilement classables 16

Chapitre 2

- Discussion et commentaires cliniques 21
  - I. Problèmes étiologiques 21
  - II. Individualisation d'« états dépressifs » mélancoliques . 25
  - III. Difficultés de diagnostic entre les états dépressifs, mélancoliques ou non, et une hébéphrénie commençante . . 27

Chapitre 3

- Apport des tests projectifs et plus particulièrement du Rorschach à l'élaboration du diagnostic des états dépressifs chez l'enfant 29
  - A. Le groupe des états mélancoliques 29
    - — Présentation générale des protocoles 30
    - — Comparaison facteur par facteur 35
  - B. Le groupe des états dépressifs préschizophréniques . . 42
    - — Présentation générale des protocoles 43
    - — Comparaison facteur par facteur et recherche d'éventuels caractères discriminatifs 45
  - C. Le groupe des états dépressifs réactionnels et névrotiques 49
    - — Présentation générale des protocoles 49
    - — Comparaison facteur par facteur 53
    - — Différences entre les psychogrammes des dépressions « endogènes » et ceux des dépressions « réactionnelles » 58
  - D. Le groupe des « cas mixtes » difficilement classables . . 60
    - — Présentation générale des protocoles 60
    - — Comparaison des psychogrammes entre eux et avec ceux des autres groupes 64

Chapitre 4

- Orientation concourante de la clinique et du psychogramme de Rorschach. Apport des données psychanalytiques (de Freud à M. Klein) 71

Protocoles des 34 psychogrammes de Rorschach 75

Bibliographie 115
  - I. Les états dépressifs
  - II. Le Rorschach

Dans la même collection :

LES TROUBLES DE LA MEMOIRE ET LEUR EXAMEN PSYCHOMETRIQUE

par

André REY

LE DEVELOPPEMENT DU CARACTERE CHEZ L'ENFANT

par

Richard MEILI

LA CRIMINOLOGIE CLINIQUE

par

C. DEBUYST, W. HUBER, P. LIEVENS,
G. SCHABER, P. DICKES, F. HASTERT,
J. HOCHMANN, M. BLANC, G. BAJARD et J. JOOS

LE PSYCHOPATHE DELINQUANT

par

le Dr. L. CASSIERS